지금
중국 주식 천만원이면
10년 후
강남 아파트를 산다

"모든 투자자가 저지르는
가장 큰 실수 중 하나가
너무 짧은 시간에 큰돈을 벌려는
충동을 느끼는 것이다.
즉 1,000%의 수익을
10년 안에 걸쳐서 얻기보다는
10개월 내에 벌려는 시도를 한다는 점이다."

• 제시 리버모어 •

선강퉁, 후강퉁, 홍콩, '중국 주식투자 실전 노하우!'
지금
중국 주식 천만원이면
10년 후
강남 아파트를 산다 2 〈실전편〉

지은이 정순필
펴낸이 이종록 펴낸곳 스마트비즈니스
등록번호 제 313-2005-00129호 등록일 2005년 6월 18일
주소 경기도 고양시 일산동구 정발산로 24, 웨스턴돔타워 T4-414호
전화 031-907-7093 팩스 031-907-7094
이메일 smartbiz@sbpub.net
ISBN 979-11-85021-68-3 03320

초판 1쇄 발행 2016년 11월 18일

선강퉁, 후강퉁, 홍콩, '중국 주식투자 실전 노하우!'

지금 중국 주식 천만원이면 10년 후 강남 아파트를 산다 2

★★★★★
실전편
★★★★★

| 정순필 지음 |

Sb
smart business

| 머리말 |

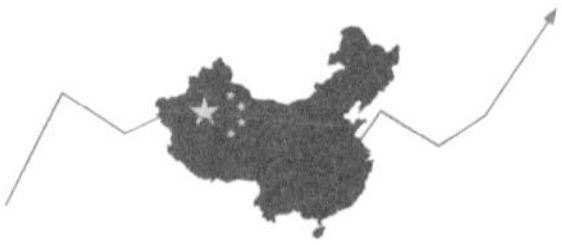

10년 후, 20년 후, 중국의 미래를 사라!

: 과거에 겁먹지 마라, 중국 주식투자 여전히 기회다!

2015년, 중국 증시는 천당과 지옥을 오갔다. 전 세계에서 경제 규모가 두 번째로 큰 나라의 주식시장이 1년 동안 2,000pt대에서 5,000pt대로, 다시 3,000pt대로 롤러코스터 같은 변동성을 보여주었다. 하락할 당시 투자자들은 공포에 휩싸였고, 곧 '중국발 금융위기'가 올 것만 같았다.

하지만 주식투자자들 대부분이 개인투자자인 후진국 증시거래 대금의 80~90%가 개인투자자의 특성은 과거 우리나라의 모습과 매우 흡사하다. 최근 단기적인 중국 증시의 흐름은 실물경제를 반영하기보다는 레버리지를 품은 개인투자자들의 과도한 투기와 정부의 미비한 조치에 따른 결과라고 할 수 있다.

중국 경제의 장기적인 성장을 보고 투자한 후강퉁 투자자들은 대부분 10년 보고 뛰어든 시장에서 1년도 안 되어 쓴맛을 보게 되었다.

"왕관을 쓰려는 자, 그 무게를 견뎌라."는 말이 있다. 주식투자에 대한 지식도 중요하지만, 지식 못지않게 중요한 것이 투자를 이어갈 수 있는 끈기다. 워런 버핏은 많은 기업에 장기적으로 투자하고 있는데, 중국과 관련하여 BYD라는 중국의 전기차기업에 대략 8년째 투자하고 있다. 그는 2009년에 약 9HKD에 BYD를 매수했고, 1년도 안 되어 88HKD까지 약 10배 가까운 상승을 했었다.

그 이후 큰 폭의 등락이 수차례 있었지만, 현재까지도 보유 중인 것으로 알려져 있다.

개인이 중국 주식에 직접투자가 가능한 후강퉁이 시행된 지, 이제 고작 2년이 지났다. 그리고 연말에는 선강퉁이 시행될 예정이다. 선강퉁을 앞세워 중국 증시가 명예 회복을 노리고 있다. 후강퉁은 시총 기준으로 국유기업이 66%로 대부분을 차지했으나 민간기업은 13%에 불과했다. 그러나 선강퉁은 민영기업이 54%로 절반 이상을 넘고 국영기업은 30% 정도다.

후강퉁 주식은 금융, 산업재에너지의 비중이 과도하지만 선강퉁 주식은 섹터별로 고르게 분포되어 있다. 정보통신18.8%, 산업재18.4%, 경기소비재16.5% 및 2차전지 등이 포함된 소재13.4% 등 중국 정부가 육성하고자 하는 신흥산업 및 중소기업이 주를 이루고 있다. 또한 선강퉁에는 여가, 문화산업을 포함해 신경제를 대표하는 고성장기업들이 즐비하다. 투자자 입장에서 주목할 필요가 있는 부분이다.

2016년 10월 중국의 위안화가 IMF SDR에 편입되면서 비중은 크지 않지만 공식적으로 국제 통화의 반열에 오르게 되었다. 그와 더불어 중국의 주식시장도 글로벌 증시로 도약하기 위해 여러 가지 미비한 부분을 빠르게 조치해가고 있다. 과거 주식시장의 역사를 되짚어보더라도, 리스크가 큰 시장에는 큰 기회도 함께 있는 법이다.

: 중국 경제, 위험과 기회가 공존하고 있다!

중국의 기업부채는 GDP 대비 160%를 초과하고 있으며, 부실기업들의 채무 불이행이 우려되는 상황이다. 또한 1선 도시총 9곳의 부동산 가격은 끝없이 치솟으며 거품은 커져가고 있다. 그 이면을 들여다보면 과거 일본과 한국이 겪었던 경제 생채기가 연상된다.

그러나 무엇보다 중국 경제의 생채기가 커 보이는 데는 특별한 이유가 있다. 바로 전 세계 역사상 유례가 없는 거대한 소비시장이 중국에서 만들어지고 있기 때문이다. 저축률이 40%를 넘어섰던 중국인들이 지갑을 열기 시작했다.

대표 소비 품목인 자동차의 소비는 5년째 매년 2,000만 대를 넘어서고 있으며, 경제학자들은 2050년까지 중국 내 자동차 대수가 5억 대까지 늘어날 것으로 전망하고 있다. 또한 전 세계 명품시장의 40%를 중국인들이 소비하고 있다. 가까운 미래의 중국은 미국 전체 인구 정도가 중산층 수준의 소비력을 갖게 될 전망이다.

'세계의 공장'에서 '세계의 시장'이 되어 가고 있는 중국의 주식시장은 매력적인 투자처임에 틀림이 없다. 거시적 전망은 세계 석학들의 주장을 빌어 《지금 중국 주식 천만 원이면 10년 후 강남 아파트를 산다》〈기본편〉에서 충분히 전달했다.

그리고 아래 인용문은 그중 하나다.

> 21세기 중반이 되면 미국 주식시장의 비중은 세계 주식시장의 18% 이하로 떨어질 것이다. 대신 중국과 인도의 주식시장이 세계 주식시장에서 $\frac{1}{3}$ 이상의 비중을 차지하면서 미국 시장 규모의 두 배로 성장할 것이다. 그러므로 글로벌 포트폴리오로 다각화하여 분산투자한 투자자들은 최저 위험으로 높은 수익을 얻게 될 것이다.
>
> – 제러미 시겔의 《장기투자 바이블》 中에서

:중국 주식, 장기투자가 답이다!

2015년 중국 증시의 흐름에서 보았듯이 실물경제와 상관없이 단기간에 고평가되기도 하고 저평가되기도 하는 것이 주식시장이다. 단기간에 증시는 실물경제와 상관없는 랜덤워크Random Walk의 움직임을 보이지만, 장기적으로 보면 결국 기업의 가치로 수렴하게 된다.

하지만 변동성이 큰 시장에서 평정심을 가지고 지켜보는 것이 말처럼 쉽지 않다. 더욱이 적정가보다 비싸게 매입하고, 얼마 지나지 않아 조정을 받는 상황이라면 더욱 그렇다. 투자한 기업이 아무리 좋은 기업이라도 매도하지 않고 버티는 것이 현실적으로 힘든 일이다.

좋은 투자는 '위대한 기업'을 '적정한 가격'에 매수하는 것이다. 하지만 좋은 기업이라도 주가 흐름이 늘 좋은 것은 아닐뿐더러, 기업의 가치는 계속해서 변한다. 그래서 성공적인 장기투자를 위해서는 꾸준한 포트폴리오 관리가 필요하다.

이번 〈실전편〉은 어떻게 보면 '중국 투자'의 당위성보다는 '실전 투자' 그 자체에 포커스가 집중되어 있다. 중국 경제에 대한 지식 못지않게 주식투자의 기본기가 중요하기 때문에 〈실전편〉에서 이 부분을 더욱 강조했다.

대부분 투자자들이 주식투자의 기본기가 많이 부족하다. 필자도 마찬가지다. 그래서 지금도 끊임없이 연구하고, 내공을 쌓기 위해 노력하고 있다. 실제 투자에 도움이 될 만한 팁을 많은 분들과 나누고 싶고, 한국의 중국 주식투자자들이 성공적으로 중국에 장기투자할 수 있도록 도움을 드리고자 〈실전편〉을 집필했다.

투자자들이 스스로 점검하고, 판단하고, 대응하는 데에 이 책이 조금이나마 도움이 되길 소망한다.

: 지금의 중국이 아니라, 미래의 중국에 투자하라!

대한민국을 덮쳤던 경제위기들을 기억하는가? IMF 구제금융, 카드대란, 글로벌 금융위기와 비슷한 상황들을 분명 중국도 겪게 될 것이다. 하지만 대한민국의 과거 경험에 겁먹고, 중국의 미래에 투자하는 것이 망설여지는가?

아래는 어떤 나라일까?

- 외환 보유국 세계 1위, GDP 세계 2위인 나라는?
- 백만장자 가구 수가 200만이 넘는 나라는?
- 미국 정부의 채권을 가장 많이 보유한 나라는?
- 세계의 공장에서 세계의 시장이 된 나라는?
- 매년 근로자 최저시급을 15% 이상 올리는 나라는?
- 로봇, 전기자동차 분야의 세계 1위는?
- 핀테크, 전자상거래 분야에서 미국을 추월한 나라는?
- 세계 최고의 '제조 대국'에서 '서비스 대국'으로, '투자 대국'에서 '소비 대국'으로 탈바꿈한 나라는?

경험이 최고의 스승이다. 경제 위기를 극복하고 이뤄낸 일본, 한국의 발전을 거울삼아 중국의 과거를 보고 투자에 겁먹지 마라. 10년 후, 20년 후, 가치를 따져 중국의 미래를 사라!

정순필

차례

PART 4

중국 가치투자 유망 업종 및 수혜주

PART 1

중국 가치투자 프로세스

중국 **투자**에 기본기를 더하다

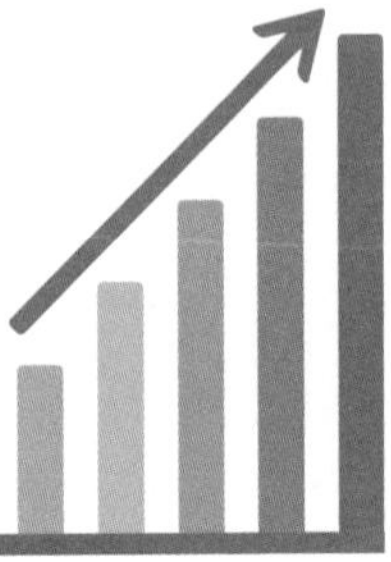

"좋은 종목을 사두면 결국은 올라갈 것이다."

얼핏 들으면 가치투자 측면에서 당연한 이야기다. 하지만 여기에는 크게 두 가지 문제점이 있다.

첫째, 아무리 좋은 종목도 너무 비싸게 매수한다면 매수한 가격을 초과하여 수익을 내는 것이 쉽지 않다.

예를 들어 1억 원 하는 A차량과 3천만 원 하는 B차량을 놓고, 어떤 차가 더 좋으냐고 물어보면 당연히 1억 원 하는 A차가 더 좋다. 그런데 소비자 1은 A차를 1억 5천만 원에 샀고, 소비자 2는 B차를 2천만 원에 샀다면 투자의 측면에서 누가 더 구매를 잘한 것인가?

제값보다 싸게 주고 산 소비자 2가 현명한 구매를 한 것이다. 주식투자도 마찬가지다. 삼성전자가 LG전자보다 시가총액도 크고, 여러 면에서 더 좋은 기업임에는 틀림없지만 삼성전자를 제값보다 비싸게 주고 투자한다면, LG전자를 제값보다 싸게 주고 투자한 것보다 좋지 못한 성과를 초래할 가능성이 높다.

그렇다면 적정 주가를 알아야 된다는 결론이 나온다. 주식은 기업의 미래 가치를 선반영하는 것이고, 적정 주가는 미래 예측에 대한 주관적인 의견이 포함된다. 그렇기 때문에 분석하는 주체에 따라 적정가는 달라질 수 있다. 정확한 예측은 불가능하지만, 투자할 종목의 주가가 현 시점에서 적당한지를 판단하는 데에 도움이 되는 정도의 분석을 하는 노력이 필요하다.

둘째, 주식투자에는 크게 두 가지 리스크가 있다. 하나는 '시장 리스크'이고, 다른 하나는 '종목 리스크'다. 전문용어로 '체계적 리스크'와 '비체계적 리스크'라고 한다.

"좋은 종목을 사두면 결국 올라갈 것이다."라는 명제에 분산투자가 더해진다면 '종목 리스크'는 어느 정도 커버가 된다. 하지만 '시장 리스크'는 별개의 위험이다.

2015년 한 해 동안의 중국 증시를 예로 들어보자. 2015년 중국 증시의 상반기와 하반기는 극과 극의 모습을 보였다. 상반기는 2,000pt 초반대에서 5,000pt대로 상승하고, 하반기에는 5,000pt대에서 다시 2,000pt 후반대로 하락했다. 이러한 비정상적인 모습은 과도한 신용 레버리지, 높은 개인투자자 비중, 정부의 증권시장에 대한 이해 부족 등의 이유로 연출되었다. 강세장에서는 대부분의 종목이 강세를 보였고,

약세장에서는 대부분의 종목이 약세를 보였다.

특히나 중국 증시는 쏠림 현상이 더욱 심했다. 하루에도 1,000종목 이상이 상한가를 가고, 하한가를 가는 날이 비일비재했다. 좋은 종목, 나쁜 종목 할 것 없이 시장이 좋으면 올라가고, 시장이 나쁘면 내려가는 이런 시장에서 종목 선별에 대한 의미가 있을까?

물론 좋은 종목을 고르는 것도 중요하지만, '시장 리스크'에 대한 관리가 더 중요하다. '시장 리스크'를 회피하는 것이 가능할까?

시장 리스크 관리를 위한 여러 가지 전략이 있다. 그중에서 필자가 선호하는 몇 가지 전략에 대해 뒤에서 소개한다.

필자는 《지금 중국 주식 천만 원이면 10년 후 강남 아파트를 산다》를 통해 '중국 주식투자'의 매력에 대해 소개를 했었다. 책을 읽어본 독자들은 알겠지만, 책의 내용은 아주 심플하다. 중국 주식투자의 기회에 대해 전달하고자 하는 것이 책의 메시지였다.

책이 출간되고 많은 분들에게 비슷한 질문을 많이 받았다.

"아직도 책의 내용이 유효한가요?"

"책에 나온 종목 중 가장 유망한 종목으로 세 종목만 찍어 주세요."

"책에 소개된 종목들 중 일부를 보유 중인데 많이 떨어졌습니다. 계속 보유해도 괜찮을까요?"

책은 한 번 기록이 되면 수정이 불가능한 '정적인 정보'다. 독자마다 정보를 접하는 시기가 다르기 때문에 책에 언급된 기업들의 주가가 어느 시점에서 고평가되어 있는지 저평가되어 있는지를 책에 다루는 것은 무의미하다. 그리고 2015년 중국의 증시 급락은 시장 리스크에 대한 대응 전략 영역이지, 예측할 수 있는 영역이 아니다.

한국의 많은 후강퉁 투자자들이 장기적 가능성을 보고 중국에 투자했지만, 2015년의 급락을 견디지 못하고 많은 투자자들이 주식시장을 떠났다.

하이리스크 하이리턴이다! 위기 속에 큰 기회가 있다.

올바른 투자 전략을 세우고 리스크를 관리한다면 성공적인 중국 주식투자를 할 수 있을 것이라고 생각한다. 급등주를 잡아서 한탕 먹으려는 마인드를 버리고, 기본기를 잘 익혀서 중국 경제 성장과 함께 장기적으로 수익을 늘려가는 '중국 가치투자'를 많은 투자자들이 체득하기를 소망한다.

중국 가치투자 프로세스

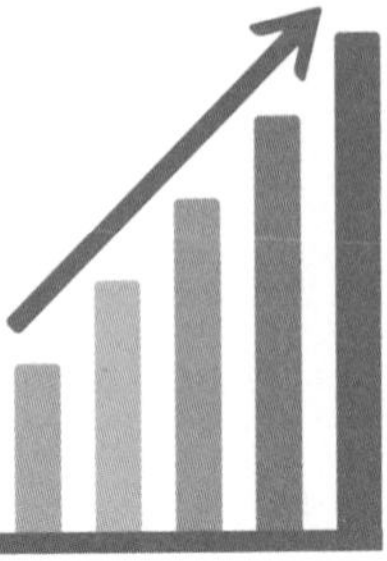

이 책에서 주로 다루는 내용은 하향식Top-Down 접근 투자 전략이다. 특정한 종목을 잘 골라서 큰 수익을 얻기보다는, 숲에서 나무로 순차적인 점검을 통해 구성한 포트폴리오를 잘 관리하여 안정성과 수익성의 균형을 얻고자 한다.

PART 2에서 소개할 투자 프로세스에 대한 이론적인 내용은 이미 시중에서 많이 소개가 되고 있는 것들이다. 하지만 실제 투자에 적용하고 있는 투자자들은 많지 않다.

가치투자 프로세스에 대해 먼저 간략하게 소개하고, 뒤에서 각각의 내용을 사례를 통해 상세히 풀어보고자 한다. 우선 중국 투자 프로세스는 아래와 같다.

- 중국 투자 매력도 점검
- 투자할 업종 선택
- 투자할 방법 선택
- 투자할 종목 선택
- 투자 전략 세우기
- 포트폴리오 구성
- 점검 및 관리

중국 주식투자 매력도 점검

중국 주식투자의 매력도는 '상대적 평가'와 '절대적 평가'로 참고해볼 수 있다. '상대적 평가'는 해당 시점에서의 국가별 투자 매력도를 비교해보는 것이다. 글로벌투자 자금은 전 세계 시장을 대상으로 저평가되어 있는 시장으로 흘러간다. 사실 아직 중국 증시는 해외 개방이 극히 한정적이라 해외투자 자금의 영향이 다른 국가에 비해 떨어질 수도 있지만, 국가별 비교를 통해 중국 증시를 평가하는 것은 의미가 있다.

그리고 '절대적 평가'는 중국 증시의 과거 흐름을 통해서 현재 수준을 가늠해보는 것이다. 과거 시장 흐름을 통해서 중국 증시의 특성을 이해

할 수 있고, 큰 그림을 놓고 봤을 때 투자할 시점을 고려하는 데에 도움이 된다. 실제 적용 사례는 뒤에서 상세히 소개한다.

투자할 업종 선택

국가의 매력도를 점검해봤다면, 다음은 투자할 유망 업종을 선별할 차례다. 유망 업종을 선택하는 여러 가지 요소 중 하나가 바로 '낮은 부채 비율'이다. 한 국가의 총 부채는 크게 '정부 부채', '기업 부채', '가계 부채' 세 가지로 분류된다.

정부는 부채가 과도한 업종은 억제를 하고, 부채가 낮은 업종은 부양하는 방향으로 국가 경제를 이끌어갈 것이다. 이러한 관점에서 중국 경제와 분야별 부채 및 유망 업종도 뒤에서 상세히 소개한다.

투자할 방법 선택

투자하는 방법에는 여러 가지가 있다. 주식, 채권, 펀드, ETF, 선물, 옵션 및 파생상품 등이다. 본인이 원하는 종목들에 직접투자를 하고 싶으면 주식투자를 하면 되고, 종목 선정 및 관리에 어려움이 있다면 펀드나 ETF를 통해 투자를 하면 된다. 그리고 선물과 옵션은 리스크 관리

차원에서 헤지hedge 용도로만 활용할 것을 권한다. 굳이 선물을 활용하지 않아도 헤지 및 리스크 관리를 할 수 있는 방법들이 있다.

이 책은 일반투자자들을 대상으로 쓰였기 때문에 선물, 옵션투자에 대한 내용은 생략하고, 인버스투자 및 비중 조절을 통한 리스크 관리에 대해 뒤에서 상세히 소개한다.

투자할 종목 선택

직접투자를 하기 위해서는 투자할 유망 종목군을 먼저 선정해야 한다. 뒤에서 상세히 다루겠지만, 필자는 가치주 70%, 성장주 30%로 포트폴리오를 구성하기를 권한다. 중국 경제 자체가 성장성이 크기 때문에 가치주투자의 매력이 크다.

종목을 선택할 때, 가장 중요하게 보는 것이 바로 '경제적 해자垓字'다. 유망한 업종에서 시장지배력을 갖고 있는 종목들로 유망 종목군을 구성한다.

투자 전략 세우기

투자의 모든 단계가 중요하지만, 필자는 '투자 전략'을 제대로 세우는 것이 가장 중요하다고 생각한다. 투자는 '예측'과 '대응'으로 구성되어 있다. 앞으로 좋아질 것이라고 '예측'하여 투자한다. 하지만 예측이 100% 맞을 수는 없다. 하지만 투자는 그렇게 실패로 돌아가는 것이 아니라, 그에 맞는 '대응'을 해주면 된다.

좋은 종목을 사서 묻어 놓고, 몇 년 동안 열어보지 않고 묵혀 두는 것도 하나의 전략이다. 하지만 말처럼 쉽지가 않기 때문에 다양한 대응 전략을 취할 수 있는 기본적인 투자 내공을 갖춘 투자자라면 '무작정 홀딩'보다는 좀 더 효율적인 전략을 취하는 것이 좋다.

다양한 투자 전략과 필자가 생각하는 매력적인 투자 전략에 대해 뒤에서 상세히 소개한다.

포트폴리오 구성

투자 및 리스크 관리 방법을 선택하고, 투자 전략까지 세웠다면 최종 포트폴리오를 구성할 차례다. 해당 글에서 상세히 다루겠지만, 필자는 안전자산과 위험자산의 비율을 50:50으로 나눠서 투자할 것을 권한다.

그리하여 위험자산은 업종별 비중과 종목별 비중을 정하여 50%를 채우고, 안전자산은 적절한 비중으로 채권, 현물, 지수, 인버스 상품 등에 분산하여 50%를 채운다.

점검 및 관리

투자가 시작되면 시장 리스크와 종목 리스크에 대한 지속적인 점검을 한다. 시장 현황은 주로 각종 지표를 통해 점검하고, 종목 리스크는 개별 종목의 실적 및 중장기적인 기술적 흐름을 점검한다.

이러한 과정을 거치며 철저한 준비와 향후 적절한 관리를 한다면, 외부의 리스크를 어느 정도 방어하면서 투자하고자 하는 기업의 가치에만 더욱 집중하는 투자를 할 수 있게 된다.

독자들 중에서는 이러한 절차에 대해 교과서적인 내용으로 치부할 수도 있다. 뒤에서 이어질 내용은 이러한 이론적인 내용이 실제 투자에 어떻게 적용되는지 사례를 통해 설명한다. 성공적인 중국 투자를 위해 전반적인 내용을 숙지하기를 권해드린다.

중국 투자 매력도 점검

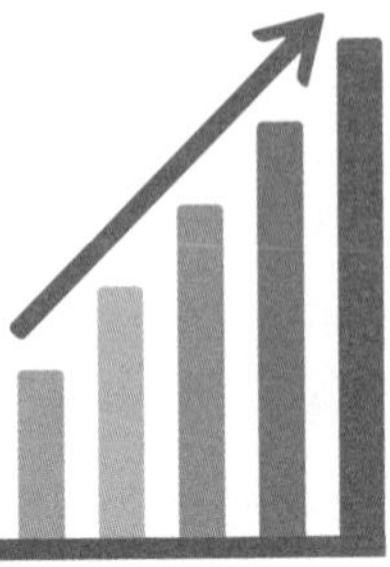

'중국 투자 매력도 점검' 중 국가별로 비교하는 상대적 평가를 점검해 본다. 아래 자료들은 스타캐피털www.starcapital.de에서 확인할 수 있다.

다음의 표는 40개 국가를 밸류에이션 기준으로 순위를 나열해 놓은 것이다. 상위 12개 국가와 하위 12개 국가의 순위가 마킹되어 있다. 중국뿐만 아니라 다양한 국가들의 상대적 투자 매력도를 참고하기에 좋은 사이트다.

하향식Top-Down 투자는 되도록 상단에 마킹된 국가들 위주로 접근하면 좋을 것 같고, 순위가 아래에 있는 국가들은 전반적인 전망이 그리 좋지 않기 때문에 상향식Bottom-Up 전략으로 접근하는 게 좋다. 투자하고자 하는 종목에 대한 분석을 철저히 하면서, 시장 리스크를 관리해야 한다.

Fundamental Valuation Ratios in International Equity Markets as of 09/30/2016.

Country	Weight	CAPE	PE	PC	PB	PS	DY	RS 26W	RS 52W	Score
Russia	0.9%	5.1	8.1	4.3	0.9	0.8	4.1%	1.07	1.16	1
China	1.1%	14.0	7.0	3.7	0.9	0.6	4.3%	1.08	1.07	2
Korea (South)	1.8%	13.1	10.8	5.2	1.0	0.7	1.7%	1.07	1.09	3
Brazil	1.3%	9.6	40.2	7.1	1.5	1.2	3.0%	1.12	1.28	4
Austria	0.2%	13.1	19.4	7.3	1.0	0.6	2.8%	1.06	1.06	5
Norway	0.4%	11.5	35.9	7.2	1.4	1.1	4.3%	1.07	1.10	6
Hungary	0.0%	10.7	133.2	4.8	1.3	0.7	2.6%	1.03	1.10	7
Taiwan	1.2%	19.0	16.0	8.5	1.8	1.0	3.9%	1.08	1.13	8
Czech	0.0%	8.6	12.7	5.5	1.2	1.0	6.9%	0.99	0.99	9
Spain	1.3%	10.9	20.8	6.6	1.4	1.2	4.2%	1.04	1.02	10
Singapore	0.9%	11.4	13.6	9.6	1.1	1.0	3.4%	1.02	1.05	11
Hong Kong	3.9%	15.8	15.9	10.9	1.3	2.0	3.0%	1.08	1.09	12
Italy	1.0%	10.6	32.8	4.4	1.0	0.5	3.8%	0.97	0.92	13
Portugal	0.1%	10.6	50.4	6.2	1.5	0.7	4.6%	1.00	1.01	14
Poland	0.2%	8.9	27.6	8.2	1.1	0.7	3.6%	1.01	0.99	15
South Africa	0.6%	18.6	16.6	9.8	2.0	1.4	3.7%	1.05	1.11	16
Turkey	0.3%	9.5	10.3	6.5	1.3	0.8	2.8%	0.95	0.96	17
Japan	9.3%	21.9	17.3	7.9	1.2	0.7	2.2%	1.04	1.05	18
Australia	2.2%	16.1	24.1	10.7	1.9	1.7	4.3%	1.04	1.09	19
France	3.7%	16.5	21.3	7.6	1.5	0.9	3.3%	1.03	1.02	20
Thailand	0.5%	17.7	20.0	8.2	2.0	1.2	3.1%	1.04	1.08	21
New Zealand	0.1%	22.0	19.2	12.3	1.9	1.8	4.1%	1.05	1.15	22
Finland	0.4%	17.6	19.7	16.2	2.0	1.3	4.2%	1.07	1.08	23
Germany	3.3%	17.3	23.5	9.1	1.7	0.8	2.6%	1.04	1.04	24
Israel	0.3%	14.6	17.0	7.5	1.5	1.3	2.8%	0.99	0.97	26
Canada	3.1%	19.4	23.9	9.2	1.9	1.5	2.8%	1.02	1.08	27
Netherlands	1.1%	18.8	28.0	11.5	1.8	1.0	3.0%	1.03	1.04	28
Malaysia	0.6%	16.0	18.6	10.5	1.6	2.2	3.1%	0.98	1.00	29
Indonesia	0.6%	19.6	22.4	14.2	3.4	2.8	1.9%	1.07	1.13	30
India	2.6%	18.6	24.3	16.1	2.7	1.8	1.5%	1.06	1.09	31
Sweden	1.1%	19.8	22.1	12.9	2.1	1.6	3.6%	1.04	1.03	32
United Kingdom	5.7%	14.2	47.8	13.1	1.8	1.2	3.6%	1.01	0.99	33
Belgium	0.8%	21.9	34.7	15.3	2.4	2.1	2.9%	1.05	1.06	34
United States	42.3%	25.5	21.2	12.0	2.8	1.9	2.1%	1.03	1.05	35
Switzerland	2.8%	21.1	27.3	17.2	2.4	2.0	3.3%	1.03	1.02	36
Philippines	0.4%	22.6	21.2	11.5	2.4	1.8	1.6%	0.96	1.02	37
Mexico	0.7%	22.4	25.9	12.6	2.6	1.5	1.9%	0.96	0.95	38
Ireland	0.1%	28.2	17.6	13.4	2.1	1.6	1.1%	0.95	0.91	39
Denmark	0.6%	34.4	40.2	12.1	2.8	2.0	2.0%	0.97	0.97	40
WORLD AC	100.0%	20.0	20.4	10.0	1.9	1.3	2.6%	1.03	1.05	
DEVELOPED MARKETS	86.5%	20.9	21.3	10.3	1.9	1.3	2.6%	1.03	1.05	
EMERGING MARKETS	13.5%	14.4	16.0	8.3	1.6	1.3	2.9%	1.04	1.08	
DEVELOPED EUROPE	22.6%	15.6	27.8	9.9	1.7	1.1	3.3%	1.02	1.01	
EMERGING EUROPE	1.6%	7.7	10.3	5.2	1.0	0.8	3.7%	1.03	1.08	
EMERGING AMERICA	2.9%	15.1	28.2	8.9	1.8	1.3	2.5%	1.05	1.09	
EMERGING ASIA-PACIFIC	7.2%	15.6	15.9	8.8	1.9	1.4	2.6%	1.05	1.09	
BRIC	5.9%	12.4	14.5	6.9	1.5	1.2	2.7%	1.08	1.13	

출처 : 스타캐피털

중국은 2016년 3분기 기준으로 국가별 순위가 2위에 랭크되어 있다. 상단 순위권에 속해 있으며, 해당 국가의 투자를 위한 접근이 쉽지 않거나 시장 규모가 작은 국가들을 제외하면 한국, 중국, 대만, 러시아 등을 투자해볼 만한 국가로 꼽을 수 있다.

한국의 매력도가 3위인 것이 눈에 띈다. 코스피는 현재 수년간 박스권 움직임을 보이고 있고, 이 당시 박스권의 하단까지 지수가 빠지면서 순위가 상위권에 자리한 것으로 보인다.

다시 중국 투자 매력도 점검으로 돌아가자. 중국 증시가 2015년 급락 이후 2016년에도 계속 하락을 이어갈 것이라는 의견도 있고, 급격한 반등은 아니더라도 서서히 완만한 상승을 이어갈 것이라는 의견도 있다. 이러한 단기적인 흐름을 예측하는 것은 쉽지 않다.

확실한 것은 현재 중국 경제 수준으로 상해종합지수가 3,000pt대 초반이라는 것은 저평가되어 있다고 볼 수 있다. 각종 밸류에이션애널리스트가 현재 기업의 가치를 판단해 적정 주가를 산정해내는 기업 가치평가 지표들이 저평가를 나타내고 있고, 국가별 투자 매력도 순위도 상단에 속해 있다.

이제 표에 나온 지표들에 대해 하나씩 알아보자.

Weight는 전체 40개 국가를 100%로 봤을 때, 해당 국가의 시장이 차지하는 비중을 의미한다. 우리나라가 전체 시장에서 차지하는 비중이 2% 미만이라는 것은 상식적으로 알 것이다. 아래와 같이 최근 통계에서 1.7%로 집계된다. 그런데 중국의 비중이 1.0%로 되어 있다.

중국 시총은 5.39조 달러이고, 한국 시총은 1.22조 달러로 한국보다 약 4.4배나 큰 시장이다. 하지만 아직 주식시장의 일부만 개방했기 때문에 그러한 부분을 감안한 가중된 비중으로 보면 될 것 같다.

CAPE는 '경기순환조정 주가수익비율'을 의미하며, 계절적 요인을 감안한 PER이라고 보면 된다. 다음으로 PE주가수익비율, PC주가현금흐름비율, PB주가순자산비율, PS주가매출액비율 네 개의 비율이 나온다. 마지막에 'R'이 생략되어 있다. 참고로 각 비율에서 주가가 분자에 있기 때문에 낮을수록 저평가되었다고 볼 수 있다.

그리고 이러한 비율 값은 고평가 & 저평가에 대하여 정해진 기준이 없으며, 상대평가를 위해 활용이 되는 수치다.

DY는 배당수익률Dividend Yield Ratio을 의미한다. 여러 가지 가치평가 모형 중에 배당을 고려한 평가 방법도 있다. 이에 활용되는 비율이며, 중국은 DY가 4.3%로 꽤 높은 편이다. 실제로 중국의 기업들 중 고배당주가 많으며, 중국 정부에서는 개인투자자들의 장기투자를 장려하기 위해 기업들이 배당 성향을 30% 이상을 유지할 것을 촉구하고 있다.

마지막으로 RS 26W와 RS 52W다. 이 당시 주가가 26주 및 52주 기간 동안 주가 대비 상대적인 수준을 나타내는 수치다. 전체 밸류에이션을 합산하여 순위가 산출이 된다.

동 홈페이지에는 'Sector Valuation' 카테고리도 있다. 글로벌 업종의 밸류에이션을 각각 확인할 수 있다. 전 세계적으로 어떤 업종이 상대적으로 저평가되어 있는지 참고하는 데에 유용하다.

워런 버핏이 증시를 점검하는 기준

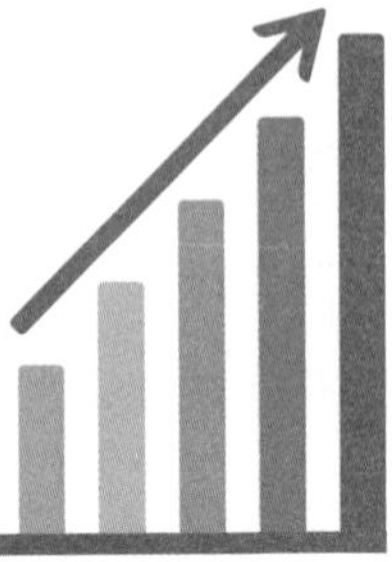

한 국가의 증시가 과열되어 있는지, 침체되어 있는지를 점검하는 지표 중 유용하게 활용되는 지표 중 하나가 '시가총액/GDP'다. 워런 버핏이 주로 활용하는 지표라 하여 'Buffett Valuation Indicator버핏 평가지표' 라고 불리기도 한다.

글로벌 증시를 보면, 과열에 따른 거품 붕괴 당시 주가 지수 수준이 시가총액/GDP가 100%를 웃도는 모습을 보였다. 2008년 금융위기 당시에 미국은 112%, 한국은 140%, 중국은 무려 300%에 육박했다.

상해종합지수는 2007년 10월에 6,124pt를 정점으로 하락하기 시작하여 2008년 10월까지 꼬박 1년을 하락해왔고, 1,665pt로 하락을 마무리했다. '시가총액/GDP'는 75%였다. 참고로 그 당시 미국과 한국 증시는 바닥권에서 둘 다 64%를 기록했다.

2016년 11월 상해종합지수는 3,130pt를 기록하고 있다. 그리고 해당 수치는 48%까지 내려왔다. 중국 주식시장이 생긴 이래 거의 최저치까지 떨어진 것이다.

〈구루포커스〉에서는 '시가총액/GDP' 수치의 평가를 5단계로 나눈다. 해당 수치가 75~90% 사이에 있다면 적정한 가치라고 판단하며, 이보다 낮으면 '저평가' 높으면 '고평가'로 분류한다.

2016년 9월 기준으로 미국과 중국의 수치를 보면, 미국은 120%를 초과하였고, 중국은 50% 미만의 수치를 나타내고 있다. 이 수치만 놓고 보면 미국은 고평가, 중국은 저평가되어 있음을 확인할 수 있다.

Ratio=Total Market Cap/GDP	Valuation
Ratio <50%	Significantly Undervalued
50% <Ratio <75%	Modestil Undervalued
75% <Ratio <90%	Fair Valued
90% <Ratio <115%	Modestly Overvalued
Ratio <115%	Significantly Overvalued

출처 : 구루포커스

구루포커스www.gurufocus.com 홈페이지에서 'Total Market Cap over GDP'가 지속적으로 업데이트가 되기 때문에 한 번씩 방문하여 틈틈이 시장을 점검해보면 유익할 것이다. 점검을 통해 시장이 과열된 것이 확인이 되면, 보다 소극적인 자세로 투자에 임해야 한다.

China Ratio of Total Market Cap over GDP(%)

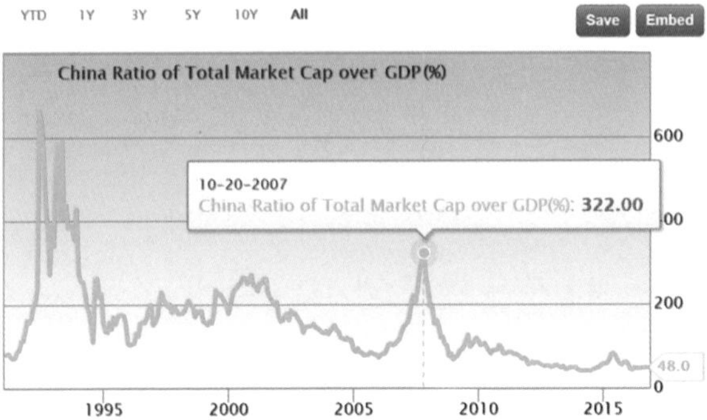

China Ratio of Total Market Cap over GDP(%)

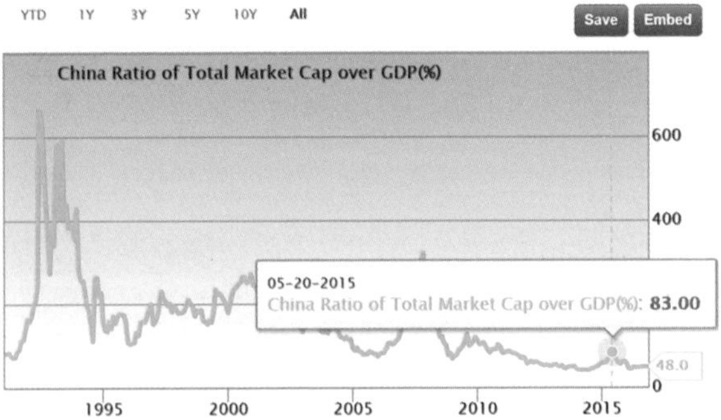

China Ratio of Total Market Cap over GDP(%)

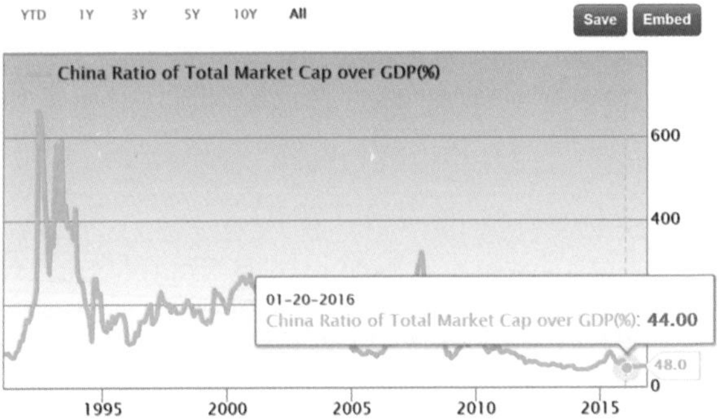

출처 : 구루포커스

Ratio(%) of Total Market Cap over GDP in Past Range

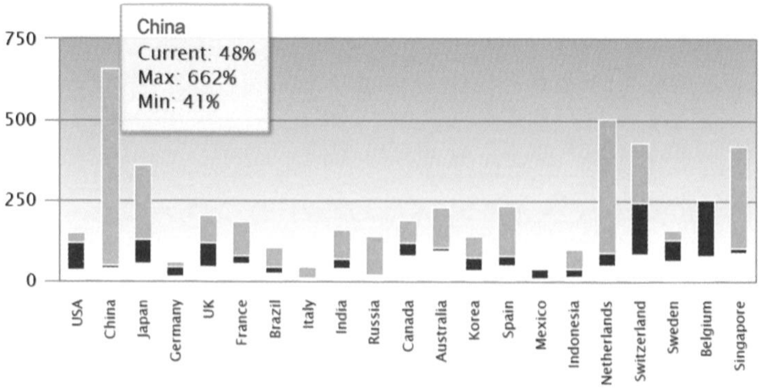

시장의 거품이 언제 꺼질지 정확하게 예측하는 것은 불가능하기 때문에 어느 정도 과열된 것으로 판단이 되면, 시장 리스크를 헤지hedge할 수 있는 수단을 활용하여 사전에 방어하는 것이 좋다.

또한 'Ratio% of Total Market Cap over GDP in Past Range' 차트를 통해 국가별 '시가총액/GDP'의 역사적 고점, 저점 및 현재 수준을 한눈에 파악할 수 있다.

막대그래프의 상단이 국가별 증시가 가장 과열되었을 때의 비율이고, 막대 사이에 있는 선이 현재의 수준이다. 벨기에를 제외한 대부분의 국가들이 최고 과열되었을 때에 비해 많이 침체되어 있음을 알 수 있다.

중국은 최대로 과열되었을 때가 662%, 가장 침체되었을 때가 41%다.

그리고 현재 48%를 기록하면서 역사적으로 가장 침체되었던 수준에 근접해 있다.

2016년 11월인 현재, 글로벌 증시는 여전히 분위가 침체되어 있지만 해당 수치를 보면 공포 심리에 보유 종목을 털기보다는 저평가된 데이터를 보면서 냉철한 판단을 할 필요가 있다.

중국 **증시,**
기대 상승률은?

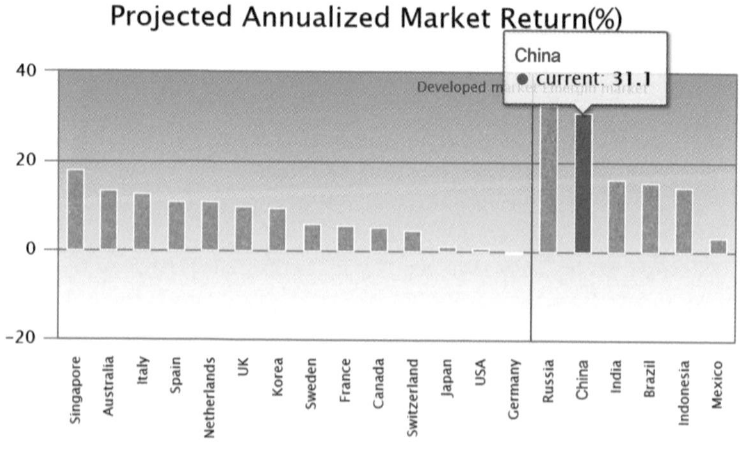
Projected Annualized Market Return(%)
China
current: 31.1
40
20
0
-20
Singapore
Australia
Italy
Spain
Netherlands
UK
Korea
Sweden
France
Canada
Switzerland
Japan
USA
Germany
Russia
China
India
Brazil
Indonesia
Mexico

구루포커스 데이터 활용에 대한 내용을 이어간다. 해당 홈페이지에서는 'Projected Annualized Market Return%'이라는 항목에서 한 해에 예상되는 국가별 시장증가율을 나타낸다. 위 차트에서 수직선을 기준으로 좌측은 선진국, 우측은 신흥국으로 분류를 한다. 중국 증시의 올해 기대 수익률을 31.1%로 보고 있다.

예상 수익률을 계산하는 근거는 아래와 같다. 아래 내용은 구루포커스 홈페이지에서 참고했다.

: 주식시장의 미래 수익률을 예측하기 위한 추정

우리는 시장에서의 향후 수익률을 어떻게 계산할지에 대해 아주 상세하게 논의했다. 그 원리는 주식시장에서도 마찬가지다. 세 가지 요인이 향후 시장수익률에 기여한다.

이러한 세 가지 요소는 다음과 같다.

1. **미래 경제 성장 :** 우리는 평균적인 미래의 성장이 과거의 성장과 같다고 가정한다. 이것은 급성장하는 경제 성장을 추정할 수 있다.
2. **배당 :** 향후 5년간의 평균 배당금은 지난 5년간의 평균 배당금과 비슷한 수준일 것이다. 이것은 일반적으로 배당금수익률을 과소평가할 수 있으며 따라서 경제가 성장함에 따라 배당금은 늘어날 것이다.
3. **시장평가의 변화 :** 여기서 시장평가의 큰 전제 조건은 GDP 대비 시가

총액의 비율이 7~8년의 시장 주기로 되돌아간다는 것이다.

총 투자수익률은 다음과 같다.

투자수익률 = 미래 경제 성장 + 배당 + 시장평가의 변화

부채 점검을 통한
매력적인 업종 찾기

국가의 부채는 크게 정부 부채, 기업 부채, 가계 부채로 나뉜다. 정부의 국가 경제 발전 계획의 방향은 부채가 높은 업종은 완화시키고, 부채가 낮은 분야를 활성화시켜서 각 분야 간의 부채 이전 효과 및 경제 성장을 도모하는 쪽으로 흘러간다. 투자자는 돈이 흘러가는 곳, 즉 상대적으로 부채비율이 낮은 업종에 관심을 가져야 한다.

다음 그래프는 2014년 중국의 GDP 대비 전체 부채비율과 몇몇 국가의 분야별 부채비율을 보여준다. 중국의 GDP 대비 전체 부채비율은 2000년 대비 두 배 이상 빠르게 증가했다. 특히 비금융권의 기업 부채 비율이 100%를 넘어가면서 과열 현상을 보이고 있다.

필자는 크게 세 개의 분야로 나눴는데, 그래프에서는 네 개로 구분하고 있다. 기업 부채가 금융과 비금융으로 분리되어 있다. 금융업의 본

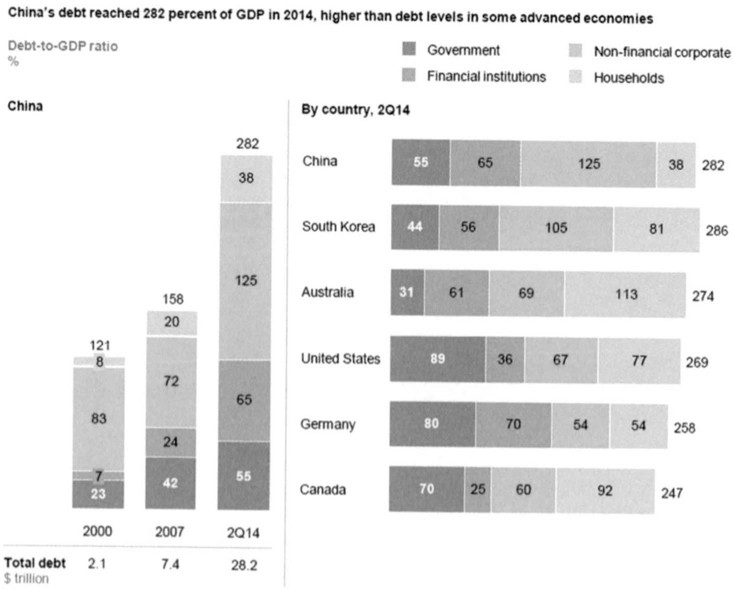

질이 부채를 일으켜서 수익을 창출하는 것이기 때문에 금융 업종의 부채는 일반적인 부채와는 조금 다르게 볼 필요가 있다.

금융 업종을 제외하고도 2016년 3월 현재, 중국의 기업 부채가 160%에 육박했다는 기사들이 언론을 통해 흘러나온다. 이러한 부분이 심각한 문제임에는 틀림없다. 그러나 정부는 과도한 부채를 낮추는 방향으로 경제를 이끌어갈 것이다.

이 현상을 놓고 의견이 분분한데, 크게 두 가지 의견이다. 부채가 한 번 터지면서 다시 안정을 되찾느냐, 아니면 위기 없이 서서히 부채를 낮추느냐 하는 것이다. 방대한 내용이라 여기서 다루지는 않겠지만, 필자는 중국 정부가 전통산업의 구조 개혁을 나름 성공적으로 이끌어가면서 현재로서는 중국발 위기가 일어날 가능성은 낮다고 본다.

기업 부채가 100%를 크게 웃도는 반면, 정부 부채와 가계 부채는 55%와 38%로 상대적으로 아주 낮은 수준이다. 경제 발전은 정부 재정지출을 통한 투자와 가계 부채를 일으키는 소비활동을 통해 이뤄지게 될 것이다. 실제로 정부는 2016년 양회전국인민대표회의, 전국인민정치협상회의에서 재정 적자를 3%로 확대한다고 발표하였으며, 소비세 인하를 통해 민간의 소비를 부추기는 등의 정책을 쏟아내고 있다.

이와 관련된 투자 키워드를 몇 가지 생각해보자. 일대일로, 징진지, 장강경제벨트 등의 SOC산업과 자동차 업종, IT 업종, 미디어 및 엔터테인먼트 등의 내수소비 관련 산업들을 꼽을 수 있을 것 같다.

정부의 강력한 부양 의지를 엿볼 수 있는 한 예로, 매년 신기록을 갈아 치우던 중국의 자동차 판매 증가율이 2015년에 둔화세를 보였다. 중국 정부는 1,600cc 이하의 자동차에 한해서 취등록세를 면제해주는 정책을 발표하면서 민간소비를 강력하게 부양했다.

이뿐만 아니라 내수소비 활성화에 대한 중국 정부의 의지를 여러 곳에서 엿볼 수 있다. 중국의 무역수지가 여전히 흑자지만 수출이 감소하면서 흑자 폭이 점점 줄어들고 있다. 예전부터 수출 주도 경제에서 내수소비 주도 경제로의 과도기적인 전환기가 진행되고 있지만, 해를 거듭하면서 이러한 움직임은 더욱 빨라질 것이다.

전통산업의 구조 조정이 진행되는 동안 중국 증시의 큰 상승을 기대하기는 어렵지만, 폭발적인 내수소비의 수혜를 보는 종목들을 잘 고른다면 시장 대비 엄청난 수익을 안겨줄 종목을 만나게 될 수도 있다.

이러한 부채 구조의 변화는 수년간에 걸쳐 천천히 진행되기 때문에, 분야별 부채비율의 변화에 너무 민감하게 신경 쓸 필요는 없을 것 같다. 중국 정부의 재정지출을 통한 투자와 내수소비 활성화에 따른 수혜 업종에 투자를 집중해야 할 것이다.

경제적 해자垓字를 갖춘 종목에 투자하라

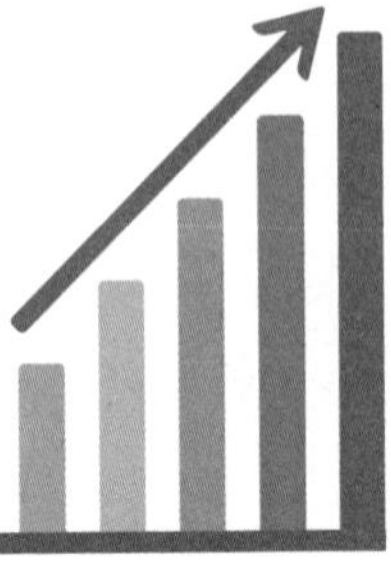

수학 이론 중에 시그모이드 곡선Sigmoid Curve이라는 게 있다. '생명주기 곡선'을 가리키는 용어다. 국가든, 기업이든, 상품이든 모두가 이런 생명주기를 가지고 있다.

이 사이클은 도입기에는 느린 속도로 움직이지만, 일단 성장 궤도에 진입하면 빠른 속도로 움직이다가, 성숙 단계에 이르면 다시 느려진다. 여기서 새로운 동력을 얻지 못하면 소멸한다.

이것을 느린 시작 단계slow beginning, 빠른 가속 단계speed acceleration라고 부르며, 이후의 느린 성장 단계를 고지 단계plateau로 부른다. 고지 단계는 성숙기의 다른 표현이다.

시간을 X축, 성장률을 Y축이라고 하면 성장 곡선은 영문 대문자 'S'를 오른쪽으로 비스듬하게 눕혀 놓은 형태를 보인다. 그래서 생명주기 곡선을 S곡선이라 부르기도 한다. 생명주기 곡선에는 두 번의 위험이 도사리고 있다. 하나는 도입기와 성장기 사이에 있는 특이점singular point이며, 다른 하나는 성장기와 성숙기 사이에 있는 변곡점inflection point이다.

특이점이란 스위치를 on-off 할 때처럼 사느냐, 죽느냐의 갈림길로 상품에 따라 차이가 있으나 대략 보급률 10%대를 가리킨다. 10%의 사람들이 상품을 수용할 때까지는 뜸을 들이지만, 일단 특이점을 통과하면 빠르게 상승한다. 그러나 많은 상품이 여기서 소멸한다.

두 번째 위험인 변곡점은 성장기와 성숙기 사이에 존재하는 점으로 성장세가 둔화되기 시작하는 시점을 가리킨다. 이 시기에 새로운 추진력을 얻지 못하면 상품은 소멸되고 만다. 이 두 번의 위기를 넘기는 기업만이 우량기업이 될 수 있다.

새로운 기술이나 상품이 등장해 초기 수용자들에 의해 수용되는 도

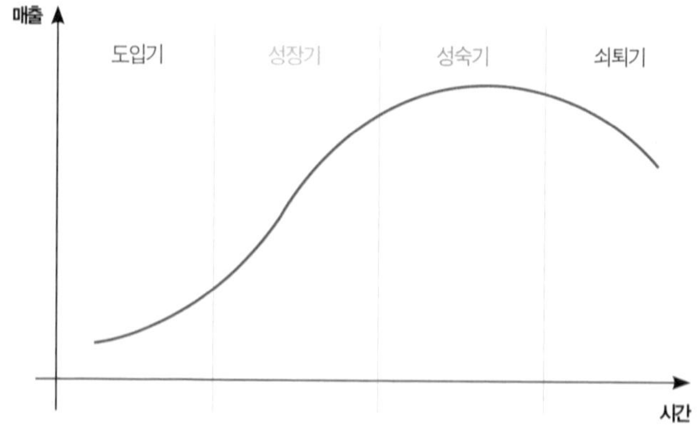

입기에는 성장 속도가 아주 느리다. 그래서 처음 10%의 소비자 계층에 보급될 때까지의 시간이 10~90%의 소비자들에게 수용될 때까지의 시간과 거의 일치한다.

4단계의 사이클 중 성장기와 성숙기에 있는 업종과 종목에 투자를 해야 한다. 시장에 경쟁자가 없고 소수의 기업이 독점하는 기업을 '경제적 해자垓字'를 갖춘 기업이라고 한다.

경제적 해자Economic Moats라는 용어는 1980년대에 버크셔 해서웨이 연례보고서에서 워런 버핏이 처음 언급하면서 증권가에서 활용하게 되었다.

해자垓字, moats란 과거 중세시대에 성 밖의 둘레를 파서 적의 침입에 대비하기 위해 만든 연못을 의미하는데, 워런 버핏은 해자를 경제적 개념으로 끌어들여 '한 회사를 경쟁사들로부터 보호하는 독점적인 경쟁력'이라는 의미로 경제적 해자를 설명했다.

시카고 소재의 세계적 투자 리서치기업인 〈모닝스타〉에서는 기업의 경제적 해자를 분석하는 4단계를 아래와 같이 설명한다.

1. 기업의 역사적인 수익성을 평가한다. 그동안 기업의 총자산이익률(return on assets ; ROA)과 주주자본수익률(return on shareholder's equity ; ROE)이 탄탄했는가? 이것은 기업이 경제적 해자를 구축했는지 아닌지를 나타내주는 리트머스 시험지다.

2. 기업이 탄탄한 자본수익률(returns on capital : ROC)을 거둬 왔고 수익이 지속적이라면, 기업 이익의 원천을 평가해야 한다. 왜 이 기업은 경쟁사들을 물리칠 수 있는가? 왜 경쟁사들은 그 이익을 빼앗아가지 못하는 것일까?
3. 기업이 얼마나 오랫동안 경쟁사를 막을 수 있을지를 측정한다. 이것이 바로 회사의 '경쟁우위 기간(competitive advantage period)'이다. 어떤 회사는 몇 년 동안만 경쟁사를 막을 수 있는 반면, 어떤 회사는 수십 년도 가능할 수 있다.
4. 업계의 경쟁 구조를 분석한다. 이 업계의 회사들은 어떤 식으로 경쟁하는가? 이익을 내는 회사들이 많은 매력적인 산업인가, 아니면 경쟁사들이 현상 유지를 위해 안간힘을 쓰는 초경쟁적인 산업인가?

많은 투자자들이 ROE주주자본수익률 지표를 참고하며, 실제로도 가장 중요한 지표이기도 하다. 전반적으로 볼 때 기업의 ROE가 지속적으로 15%를 넘는다면 꾸준히 안정적인 수익률을 올린다고 볼 수 있으며, 경제적 해자를 갖추었다고 할 수 있다.

중요한 것은 꾸준한 수익률이다. 신뢰성을 높이려면 최소한 5년에서, 가능하면 10년 정도의 흐름을 점검해봐야 된다.

아래 다섯 가지 조건 중 해당되는 기업이라면 업계에서 지속적인 경쟁우위를 구축해나갈 가능성이 높다.

1. 우수한 기술이나 품질을 통해 '실질적인 제품 차별화' 창출

2. 신뢰받는 브랜드나 평판을 통해 '인식 차원의 제품 차별화' 창출

3. '비용 감소' 또는 더 낮은 가격에 비슷한 제품이나 서비스 제공

4. 높은 전환비용으로 '고객을 속박' 시킴

5. 높은 진입 장벽이나 성공 장벽을 만들어서 '경쟁사의 접근을 차단'

중국 증시의 상장기업 특징 중 하나는 전체 시가총액의 약 75%가 국유기업이라는 것이다. 전통산업 및 군수산업 등은 업종별로 소수의 국유기업이 과점하고 있다. 위 조건 중 5번째 '경쟁사의 접근을 차단'에 완벽하게 부합하는 종목들이 중국에는 많이 있다.

다시 경제, 업종, 기업 수명 사이클로 돌아가서, 중국 경제는 성장기에서 성숙기를 향해 달려가고 있다. 그래서 여러 리스크를 감안하더라도 투자의 매력이 충분하다. 그리고 많은 기업들이 성장기에 속해 있다. 안정적인 성공 투자를 위해 상관성이 떨어지는 각 업종의 경제적 해자를 갖춘 좋은 종목들 찾기 위해 많은 노력이 필요하다.

투자 전략을 세워라

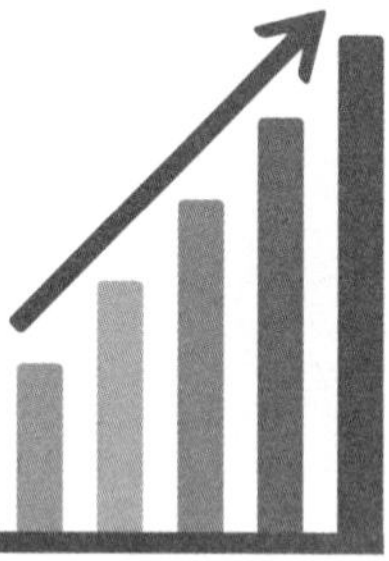

투자에는 수많은 위험 요인들이 복합적으로 적용된다. 그렇기 때문에 아무리 회사가 실적이 좋고, 주가 또한 저평가되어 있더라도 시스템 리스크의 영향으로 주가는 더 떨어질 수 있다.

이러한 예상치 못한 하락에 대한 대응 방법에는 여러 가지가 있다. 투자 전략마다 난이도가 조금씩 다르며, 잘못 대응했다가는 오히려 역효과가 날 수도 있다. 그렇기 때문에 본인이 잘할 수 있는 적절한 대응 전략을 선택해야 한다.

그런 면에서 좋은 종목을 싸게 매입 후, 무작정 보유하는 것도 하나의 전략이라고 볼 수 있다. 뒤에서 소개할 전략 중 '매입보유법'에 해당된다. 장점은 시장의 출렁임에 아무런 대응을 하지 않기 때문에 신경쓰지 않아도 되니 편하다. 하지만 단점은 외부의 위험으로 시장이 급락하면서 보유 종목들의 주가가 같이 하락하면 손을 놓고 보고만 있는 것이 쉽지가 않다.

이런 상황에서 미리 세워 놓은 전략이 없는 투자자는 '떨어지면 더 떨어지기 전에 손절하고, 오르면 다시 떨어질 것 같아서 상승세의 초반에 매도'하는 전형적인 '개미 패턴'을 보일 수밖에 없다.

앞에서 '체계적 리스크'와 '비체계적 리스크'에 대해서 언급했다. 여기서 말하는 투자 전략은 '체계적 리스크'에 대한 대응에 속하는 것이다. 시장 상황에 따라 전략적으로 현금 비중을 늘리는 것과 단지 떨어질 것 같아서 매도하는 것은 겉으로 봤을 때에는 비슷해 보일 수도 있다. 하지만 전자는 투자의 포지션이 계속 유지가 되고 후자는 그렇지 않다. 또한 개별 종목 리스크에 따른 대응은 '비체계적 리스크'에 해당되기 때문에 종목 관리를 위한 비중 조절 및 종목 변경도 별개로 이뤄져야 된다.

이렇게 '체계적 리스크'와 '비체계적 리스크'를 따로 떼어 놓고 관리하면 포트폴리오 관리에 많은 도움이 된다. 단지 주가의 등락에 매매를 결정하는 잘못된 투자 판단을 하지 않기 위해서 적절한 투자 전략을 세울 필요가 있다.

2014년 11월 후강퉁 시행 이후, 한국의 많은 투자자들이 '중국 주식 투자'에 합류했다. 후강퉁 시행 당시 2,500pt대였던 상해종합지수가 2015년 6월에 5,178pt까지 상승하면서 약 6개월 동안 두 배나 상승했다. 당시는 중국 주식을 사기만 하면 오르는 시기였다.

먼저 투자한 투자자들은 주변 지인들에게 중국에 투자할 것을 자신

있게 권했고, 당시의 중국 경제는 지난 2008년보다 훨씬 나아져 있었고, 그때와 같은 금융위기가 일어날 가능성이 극히 낮다고 판단했기 때문에 투자자들은 더욱 큰 매력을 느꼈다.

필자 또한 중국 증시가 6,000pt까지는 상승할 것이라고 생각했다. 고점을 돌파할 것인지 조정을 받을 것인지 6,000pt에 도달한 이후의 일이라고 생각했었다. 하지만 늘 그렇듯 증시 전망은 빗나갔고, 전 고점에 도달하기 전에 증시는 꺾이면서 큰 폭의 하락을 이어갔다. 그리고 과열이 시작된 이후, 중국에 투자한 투자자들은 적지 않은 손실을 보았다.

이런 상황에서 마음 편하게 5년이고 10년이고 기다릴 수 있는 투자자에게는 단기적 하락이 문제가 되지 않는다. 하지만 이러한 손실을 감내하지 못하는 투자자는 본인 성향에 맞는 전략을 취해야 한다.

시장 하락으로부터 보유 종목을 보호하기 위한 헤지 방법으로는 크게 '지수선물 매도'와 '인버스ETF 매수' 두 가지가 있다. 투자 자금의 100% 만큼 '완전 헤지'를 하든지, 50% 정도만 '부분 헤지'를 하든지 헤지 방법 및 비율은 본인의 전략에 맞게 선택하면 된다.

예를 들어서 종합주가지수가 60일 이동평균선을 하향돌파할 경우, 시장에 대한 헤지를 하는 전략을 취했다면 지수가 4,500pt에서 3,400pt까지 하락하는 동안 보유 종목의 손실을 어느 정도 커버할 수 있었을 것이다.

리스크 관리를 위한 헤지 거래는 증시를 정확하게 예측하지 못하는 것에 대한 대응책이기 때문에 세워 놓은 전략에 맞춰서 적절하게 시행

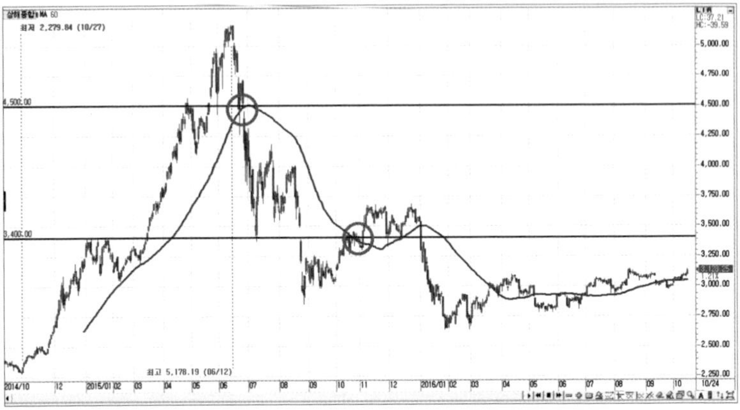

하는 것이 중요하다.

'헤지 거래'는 시장 하락 위험에 대응하는 것으로, 달리 말하면 하락에 베팅하는 것이다. 즉 시장이 예상 대로 하락을 이어간다면 보유 종목의 손실을 '헤지 거래'를 통해 어느 정도 만회할 수 있지만, 시장이 상승 전환한다면 보유 종목에서 발생하는 수익을 깎아먹는 일이 발생하게 된다.

헤지를 보수적으로 하는 전략과 공격적으로 하는 투자 전략은 각각의 장점과 단점이 있다. '수익을 깎아먹을 수 있지만, 큰 손실을 예방할 수 있다'라는 특성을 고려하여 헤지 수단을 활용하면 좋을 것이다.

투자 전략의 효용성에 대한 내용과 필자가 생각하는 매력적인 전략은 뒤에서 상세히 소개한다.

투자 방법을 선택한다

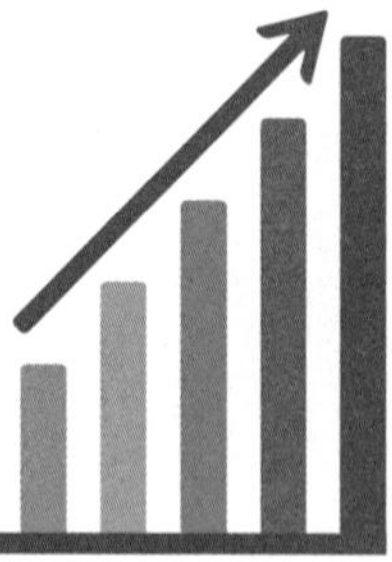

금융투자에는 여러 가지 방법이 있다. 대표적으로 주식, 채권, 펀드, ETF, 선물, 옵션 등이다. 본업에 충실하기 위해 전문가에게 모든 것을 맡기고 싶다면 펀드에 투자하면 된다. 또한 글로벌투자에 있어서 직접투자가 제한되는 국가가 있다. 이런 경우에도 펀드나 ETF를 통해 투자가 가능하다.

중국 투자를 놓고 보면, 후강퉁 시행으로 홍콩거래소와 상해거래소에 상장된 기업에는 직접투자가 가능하다. 그리고 2016년 연말에 시행을 앞두고 있는 선강퉁을 통해 심천거래소에 상장된 기업에도 직접투자를 할 수 있게 된다. 중국 투자는 현재 주식, 펀드, ETF, 선물 모두 활용이 가능하기 때문에 본인이 원하는 방법을 선택하여 투자할 수 있다.

투자 방법에 따라 아래와 같은 내용에 주의하자.

중국 기업은 크게 홍콩 상장기업과 중국 본토 상장기업으로 나뉜다. 그리고 중국 본토 상장기업은 또다시 상해거래소와 심천거래소로 나뉜다. 펀드가 간접투자 상품이지만, 중국 펀드라고 다 똑같은 중국 펀드가 아니다. 상품 종류가 다양하기 때문에 어느 정도 본인의 생각에 부합하는 상품을 고르는 노력이 필요하다.

홍콩에 상장된 H시장에 투자하는 상품인지, 본토에 상장된 A시장에 투자하는 상품인지 구분해야 한다. 그리고 업종별로 수익률이 천차만별이기 때문에 벤치마크가 종합지수인지, 소비주나 헬스케어 같은 특정 섹터인지도 확인해야 한다.

그리고 해외 펀드는 세금을 더욱 고려하자. 일반 국내 펀드는 편입된 종목에서 배당이 발생하는 경우에만 배당소득세가 발생되고 매매 차익에 대해서는 세금이 발생하지 않는다.

하지만 해외 펀드는 매매차익까지 전부 배당소득세로 구분하기 때문에 국내 펀드에 비해 세금이 훨씬 많이 부과된다. 투자 금액이 클 경우, 원천징수되는 기본세율뿐만 아니라 금융소득종합과세에도 포함되기 때문에 이 또한 신경을 많이 써야 한다.

최근 해외비과세펀드가 출시되었다. 하지만 상품 선택이 제한적이고, 납입 가능 금액 및 유지기간에 대한 조건이 있기 때문에, 이런 부분을 잘 고려하여 투자한다면 절세 효과를 얻을 수 있다.

ETF투자

ETF Exchange Traded Funds는 시장에서 거래가 되는 펀드이다. 일반 펀드에 비해 좋은 점은 매매가 쉽고, 매수와 매도 시기를 스스로 결정할 수 있다는 것이다. 그리고 수수료도 일반 펀드에 비해 저렴한 편이다.

ETF 또한 추종하는 벤치마크가 다양하다. 중국과 관련된 ETF도 지수를 추종하는 상품과 특정 업종을 추종하는 상품이 국내외 거래소에 라인업되어 있다. 특히 상해종합지수를 추종하는 ETF는 지수의 3배를 추종하는 레버리지 상품과 마이너스 1배를 추종하는 인버스 상품도 있다.

레버리지ETF는 벤치마크를 정해진 배수에 맞춰서 추종하도록 설계되어 있으며, 인버스ETF는 벤치마크의 역방향으로 추적하도록 설계되어 있다.

하지만 오차가 존재하며 정확한 추종은 불가능하다. 특히 레버리지 상품의 경우, 투자 기간이 길어질수록 오차 범위가 커지기 때문에 투자 시 참고하기 바란다.

단순하게 중국 증시의 장기적인 상승에 투자하고 싶다면, 굳이 수수료가 비싼 일반 펀드에 투자할 필요가 없다. 그리고 종목을 고르는 데 어려움이 있지만, 본인이 원하는 시점에 매매하고자 하는 투자자들도 적절한 ETF 상품을 선택하여 투자하면 좋을 것 같다.

중국에 투자하는 ETF도 세금과 관련하여 주의할 점이 있다. 국내에 상장된 ETF의 경우, 펀드와 마찬가지로 매매 차익이 배당소득세가 적용된다. 그래서 매도 시 수익이 발생하면 15.4%가 원천징수되며, 다른 금융소득과 합산하여 수익이 2,000만 원을 초과하면 금융소득종합과세가 적용되므로 주의해야 한다.

필자가 만나는 여러 투자자들도 국내에 상장된 중국 투자 ETF가 금융소득종합과세에 포함된다는 사실을 대부분 모르고 있었다. 독자 분들은 해당 내용을 참고하여, 사전에 세금에 대한 부분을 고려하여 투자하기를 바란다.

하지만 해외에 상장된 중국 투자 ETF는 주식과 마찬가지로 양도소득세가 적용된다. 따라서 매매 차익의 22%가 분리과세되어 금융소득종합과세는 부과되지 않는다.

원천징수 15.4%보다는 약간 높지만, 금융소득종합과세에 포함되지 않기 때문에 투자 규모에 맞춰서 해외 ETF에 투자할 것인지 국내 ETF에 투자할 것인지 선택하면 좋을 것이다.

추가적으로 고려해야 할 사항은 국내 상장 해외 ETF의 경우에는 매도 시 원천징수 세금이 발생하기 때문에 세금이 차감된 자금이 재투자가 되는 반면, 해외 상장 ETF는 원천징수 없이 1년 합산으로 매도 시 수익이 난 전액을 재투자할 수 있다는 장점이 있다.

중국에 투자하는 ETF의 경우, 해외에 상장된 ETF가 국내에 상장된 ETF보다 여러모로 장점이 많다.

주식투자

원하는 기업에 직접투자를 할 수 있는 유일한 방법은 주식투자다. '종합지수 < 업종 < 종목'의 순서로 변동성이 크다. 그래서 주식투자는 간접투자에 비해 '하이리스크 & 하이리턴'이라고 할 수 있다. 그만큼 종목 선정이 중요하다는 이야기다.

국내 기업에 비해 중국 기업에 대한 분석이 여러모로 힘들다. 그렇기 때문에 개별 종목의 예기치 못한 위험을 최소화하기 위해 충분한 분산투자가 필요하다. 너무 많은 분산은 관리의 어려움이 있기 때문에 스스로 감당할 수 있을 정도의 분산이 좋다. 뒤에서 분산투자에 대한 내용을 좀 더 상세히 소개한다.

해외 주식은 22%의 양도소득세가 부과된다. 문제는 이번 해에 매도하여 손실이 많이 발생했음에도 불구하고, 내년에 재투자하여 수익이 발생하면 차익의 22%가 과세된다. 이럴 경우, 2년을 합산하면 좋겠지만 세금은 1년 단위로 합산된다. 그렇기 때문에 실질적으로 손해를 봤지만, 울며 겨자 먹기로 세금을 내야 되는 사태가 발생한다.

또한 중국 투자와 한국 투자를 같이 하는 경우가 있다. 이럴 때 중국에서 수익이 나고, 한국에서 손실이 났다면 실제로 수익과 손실이 상쇄된다. 하지만 세금은 중국 투자의 차익만 별개로 구분하기 때문에 세금을 내게 된다. 뒷부분에서 세금과 관련한 효율적인 전략을 소개한다.

투자 **점검** 및 리스크 관리

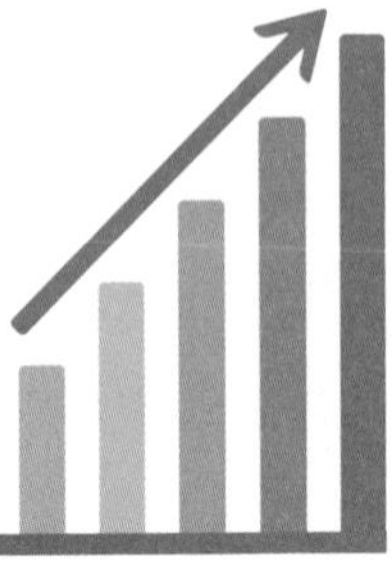

가치투자는 '쌀 때 사서 비쌀 때 팔라'는 의미고, 성장주투자는 '비싸게 사서 더 비싸게 팔라'는 의미다. 그런 의미에서 좋은 투자는 '위대한 기업'을 '적당한 가격'에 사는 것이다. 투자자들은 유망한 종목을 발굴하기 위해 노력하고, 또한 적당한 가격에 매수하기 위해 노력한다.

하지만 '투자활동'은 그것으로 끝나는 것이 아니다. 좋은 종목을 발굴하여 가능한 한 오랫동안 보유하면 좋겠지만, 아래와 같은 이유에서 보유 종목들을 꾸준히 점검하고, 필요하다면 적절한 대응이 필요하다.

1. 투자한 이후 기업의 전망이 악화될 경우
2. 기업의 전망은 여전히 좋지만, 주가가 과도하게 올라간 경우

3. 기업 내부적인 문제가 아닌, 외부적 시장 충격에 따른 하락이 예상되는 경우

이해를 돕기 위해 시각화하면 아래 그림과 같다. 앞서 수차례 반복하여 강조했던 내용이 '체계적 리스크' 관리를 위한 시장 대응과 '비체계적 리스크' 관리를 위한 종목 대응을 나누어서 점검하는 것이 중요하다는 것이다.

포트폴리오 운용 알고리즘

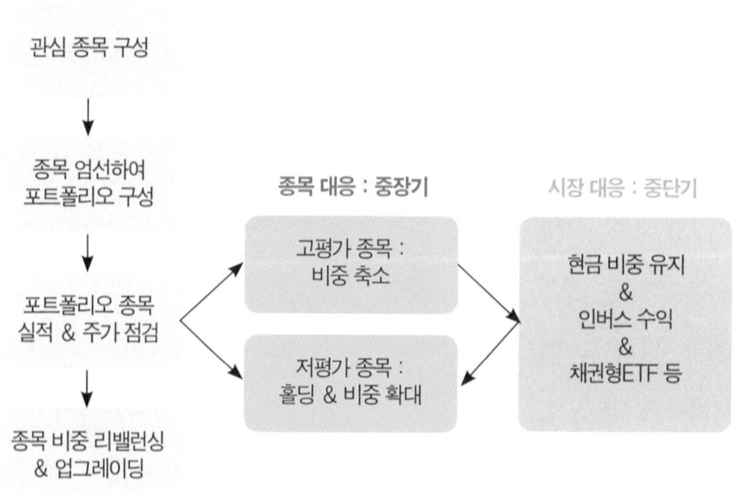

먼저 '종목 대응'은 장기적인 관점에서 점검을 한다. 주가는 하루에도 수십 번씩 등락을 반복하지만, 보통 기업의 가치는 하루아침에 바뀌지 않는다. 하지만 예기치 않은 이슈로 기업의 전망이 급격하게 나빠지는 경우가 있다. 이런 경우는 주로 가치주보다 성장주에서 일어날 가능성이 높기 때문에, 보수적인 투자자일수록 가치주의 비중을 높이는 것이 좋다.

또한 특정 종목이 포트폴리오에서 차지하는 비중이 높으면, 예기치 않는 악재에 따른 손실도 그만큼 커진다. 이러한 특정 종목의 예기치 않은 손실을 줄이기 위해 충분한 종목 분산이 필요한 것이다.

꾸준히 종목과 관련된 정보를 수집하고, 발표되는 실적을 업데이트하고, 주가 추이를 지켜보면서 포트폴리오에서 고평가된 종목은 비중을 축소하고, 저평가된 종목은 비중을 늘려줌으로써 수익성을 극대화할 수 있다.

시장 대응은 포트폴리오를 안정적으로 운용하기 위해 필요하다. 주가의 움직임은 장기적으로는 기업의 가치에 수렴하지만 단기적으로는 가치와 무관한 움직임을 보이는 경우가 많다.

외부적 요인으로 가치와 무관한 움직임을 보이는 극단적인 예가 바로 '금융위기' 같은 시스템 리스크다. 시장에 큰 충격이 오면 거의 모든 종목이 기업의 가치와 상관없이 큰 폭으로 하락한다. 이 시기에는 아무리 좋은 종목이라고 해도 하락을 피할 수 없을 것이다.

즉 종목 대응으로 해결할 수 있는 문제가 아니다. 이러한 시장 상황에 대응하기 위해서는 현금 비중을 늘리거나 포트폴리오의 하락을 헤지할 수 있는 투자의 비중을 늘려주면 된다.

투자에 효과적인 운용 전략을 더하면 포트폴리오의 수익성과 안정성을 높일 수 있다.

"증권 시장에서
어떻게 매매해야 되는지도 알지 못하고
주식 투자에 성공할 수 있겠는가?
나는 돈을 걸고 내기를 하고 있는 것이며,
증권시장에서 머니게임은
쟁쟁한 전문가들을 상대로 하는 것이다.
게임의 기초적인 사항들도 전혀 습득하지 않고서
그들을 상대로 어떻게 이기기를 바랄 수 있겠는가?"

• 니콜라스 다비스 •

PART 2

중국 가치투자 전략

투자에 전략이 필요하다

양식을 먹을 때는 포크와 나이프를 쓰고, 한식을 먹을 때는 숟가락과 젓가락을 사용한다. 물론 양식에 숟가락과 젓가락을, 한식에 포크와 나이프를 사용해도 문제는 없다. 하지만 사용하는 데에 불편하기 때문에 무엇을 먹느냐에 따라 그에 맞는 식사 도구를 선택하는 것이다.

투자도 마찬가지다. 투자에는 정답이 없다. 수익을 내면 그게 바로 정답이다. 물론 꾸준히 안정적으로 수익을 낼 수 있어야 된다. 어떤 방식으로 투자를 하든, 그에 적합한 투자 전략이 필요하다. 투자 전략이라고 하면 좀 거창해 보일 수 있는데, '투자 원칙' 정도가 될 것 같다.

필자의 지인 중 재야의 고수 한 분은 주식과 채권 그리고 선물 등 다양한 곳에 투자하고 있다. 그분의 투자를 옆에서 지켜보면서 역시 고수는 다르다는 것을 매번 느끼게 된다.

하루는 저녁식사를 함께 하는데 여느 때와 같이 에너지가 넘쳐 보였다. 그런데 그 전날 선물 매매로 하루만에 60억 원을 잃었다는 것이다. 그런 엄청난 자금을 잃고도 맛있는 거나 먹자며 필자를 부른 것이었다. 알고 보니 최초에 2억 원을 투자하여 이 2억 원이 60억 원이 되었다가 다시 0원이 된 것이다. 실제로는 2억 원을 잃은 것이다. 그 2억 원도 주식투자에서 수익 난 부분의 일부를 떼어서 투자한 것이었다.

그분의 원칙 중 하나가 바로 "선물투자를 하되, 주식투자로 수익이 났을 때 그 일부 자금을 갖고만 투자를 한다."이다. 이러한 원칙을 잘 지키다 보니 선물투자를 통해서 깡통을 차거나 전체 자산에 큰 충격을 받을 일이 없다. 하루에 60억 원이 날아가도 눈 하나 깜짝 안하는 분이니, 주식투자에 임하는 자세는 말 안 해도 어느 정도 경지인지 짐작할 수 있다.

필자는 '중국 가치투자 전략'에 대한 고민을 끊임없이 하고 있다. 혹자는 중국은 등락이 심하고, 가치투자가 통하지 않는 시장이기 때문에 장기투자는 불가능하다고 말한다. 하지만 필자는 중국 증시에서 성공적인 결과를 얻기 위해서는 오히려 장기투자를 해야 된다고 생각한다.

단, 본인만의 전략이 필요하다. 이미 후강퉁 증시에 뛰어든 투자자들은 장기투자가 절대 쉽지 않다는 것을 몸소 느꼈을 것이다. 하지만 우리나라 증시에서도 단기투자로 수익을 내기 어렵다. 하물며 정보도 제한적이고, 증시의 특성도 잘 모르는 중국에서 단기투자로 수익을 꾸준히 내는 것은 더더욱 힘들다.

우리나라뿐만 아니라 선진국의 증시를 보면 초기에는 등락이 심했다. 국가의 경제력 대비 시장 규모가 작고, 거래가 많지 않고, 개인투자자의 비중이 큰 신흥시장의 공통점인 것 같다. 중국 증시는 이제 막 해외 개방을 하기 시작한 단계이고, 유통시장에서 개인투자자들의 거래 비중이 전체의 80% 이상을 차지한다.

하지만 중국의 경제 성장을 돌아보면, 우리나라 못지않은 빠른 속도로 발전하고 있는 모습을 볼 수 있다. 금융산업 역시 빠르게 성장시키려는 정부의 계획은 앞으로 차근차근 이뤄질 전망이다.

해외 자금이 빠르게 들어오고, 국내 기관투자자들이 주식 비중을 늘리면서 중국 증시도 점점 성숙해질 것이라고 생각한다. 성숙해진다는 것은 다른 말로 기업들이 가치를 제대로 인정받으며, 증시의 급격한 상승의 기회는 그만큼 줄어든다는 의미다.

현재의 중국 증시는 '하이리스크 & 하이리턴'의 투자처다. 리스크 관리를 잘하면서 앞으로 중국 경제 성장을 견인할 좋은 기업에 꾸준히 투자한다면, 대박은 불가능하지 않다.

장기투자를 위해서는 마음가짐도 중요하지만, 체계적인 전략을 갖추는 것이 더 중요하다. 뒤에서 다양한 전략과 필자가 생각하는 베스트 전략도 함께 소개한다.

신영증권에서 CIO를 역임했던, 신진오님의 저서 《전략적 가치투자》에는 투자 전략에 대한 내용이 예시와 함께 자세히 설명되어 있다. 큰 카테고리 중 하나인 '베타투자 전략'이 시장 리스크 대응에 대한 내용을 담고 있다.

아래와 같이 다양한 투자 전략을 소개하고 있다.

1. 매입보유법
2. 정률투자법
3. 변율투자법
4. 정액투자법
5. 증액투자법
6. 추세투자법
7. 추세/정액 전환법
8. 추가투자법
9. 투자 중단법
10. 정액 매수 적립식
11. 점증평가 적립식
12. 추세/점증평가 전환 적립식
13. 피라미딩
14. 헤지 거래
15. 투기 거래
16. 차익 거래 등

《전략적 가치투자》에서 핵심이 되는 내용이며, 각 전략별로 30년간의 코스피 흐름을 통해 시뮬레이션 값을 제공하여 많은 도움이 된다. 투자 자금 2억 원으로 1억 원은 주식에 나머지 1억 원은 국채에 투자하여 각 전략별로 대응하였을 때, 어떤 결과가 나오는지 보여준다. 복잡한 전략이 추가될수록 수익률의 등락이 보다 안정적이고, 최종수익률도 훨씬 좋아지는 결과가 나왔다.

하지만 필자는 투자 전략에서 가장 중요한 것 중 하나가 적용하기 쉬워야 된다는 것이다. 심리적인 영향을 덜 받고, 전략이 단순해야 투자자가 꾸준히 원칙을 지켜나갈 수 있기 때문이다. 다양한 투자 전략에 대한 구체적인 내용은 해당 서적을 통해 확인하고, 이 책에서는 '정률투자법'에 대해서만 소개한다.

'정률투자법'은 최초 투자 시 주식과 채권에 50:50 비중으로 투자를 한 이후, 정기적으로 50:50의 비중으로 리밸런싱을 해주는 전략이다.

증시가 좋을 때는 주식에서 수익이 나면서 주식 비중이 채권 비중보다 높아질 것이다. 그러면 주식의 일부를 매도하여 채권 비중을 늘려줌으로 50:50으로 리밸런싱을 해준다. 반대로 증시가 안 좋을 때는 주식 비중이 줄어들면서 상대적으로 채권 비중이 올라가게 된다.

이렇게 정률로 리밸런싱해주면 아래와 같이 최초 50:50으로 투자한 후, 그대로 유지하는 '매입보유법'보다 수익률이 많이 개선되는 것을 확인할 수 있다.

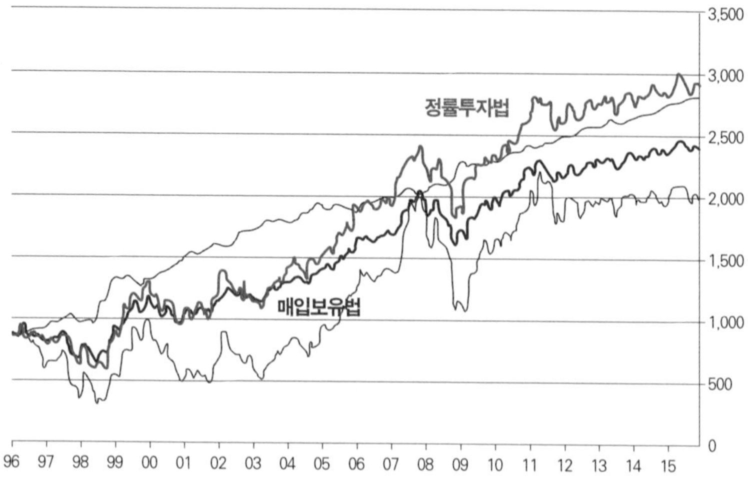

'정률투자법'은 국채 3년물과 KOSPI지수에 1996년 1월 말부터 2015년 11월 말까지, 19년 10개월간 주식과 채권의 보유 비중을 각각 50%를 유지하도록 매월 말 리밸런싱한 결과입니다. 매매비용을 감안하고, 배당수익은 무시하였습니다.

주식과 채권에 절반씩 투자하여 그대로 보유한 '매입보유법'은 정확하게 중간을 달리고 있는데 비해, 매월 리밸런싱한 '정률투자법'은 매매 이익이 차곡히 쌓여 훨씬 좋은 결과를 나타내고 있습니다.

두 자산을 단순하게 리밸런싱만 하는 데도 월등하게 좋은 투자수익을 올리게 되는 기적이 나타납니다.

디지털의 아버지 클로드 섀넌이 활용하던 방법으로 '섀넌의 도깨비'라는 별명으로 불리기도 합니다.

출처 : 《전략적 가치투자》 네이버 카페

필자는 간단하면서 효과적인 '정률투자 + 헤지'가 아주 좋은 조합이라고 생각한다. 여기서 말하는 '헤지'는 지수선물을 매도하는 것이 아니고, 인버스 ETF 매수를 통한 지수 하락에 대한 헤지 효과를 내는 전략을 의미한다.

현재 미국에 상장된 중국 본토지수를 추종하는 ETF는 레버리지 +2배, +3배의 상품만 있다. 지수 하락에 투자하는 인버스는 −1배 상품만 있고 인버스 레버리지 상품이 없다.

비록 레버리지가 없기 때문에 보유 종목을 완전 헤지하려면 투자 자금의 100%에 해당하는 자금이 필요하다는 단점이 있지만, 그에 비해 매매가 쉽고 한 번 매수하여 적은 비용으로 오랫동안 보유할 수 있다는 장점이 있다.

또한 정률투자에서 50%의 비중을 차지하고 있는 채권형ETF 자금을 갖고, 필요시에 인버스 ETF투자로 전환하는 전략을 취하기 때문에 적절한 시기에 인버스투자를 위한 자금 조달과 관련된 어려움은 없을 것이다.

'중국 종목'의 비중을 50%, '현금 + 채권형ETF + 인버스ETF'의 비중을 50%로 맞춘 포트폴리오를 통해서 시장 리스크는 인버스ETF 비중 조절로 관리하며, 종목 리스크는 포트폴리오를 리밸런싱하며 관리하는 전략을 앞으로 소개할 것이다.

참고로 금리가 올라가면 채권의 가격은 떨어지기 때문에 채권형ETF는 시장 상황에 따라 장기채권, 단기채권 그리고 현금 중 적절히 선택하여 투자해야 한다.

본인에게 맞는 **투자 전략**을 찾아라

투자는 본인의 자금으로, 본인이 판단해서, 그 결과에 대해서 본인이 책임지는 것이다. 몇몇 투자자들은 각종 매체에서 제공하는 정보에 따라붙는 '투자의 최종적 판단에 대한 책임은 본인에게 귀속됩니다'라는 문구를 싫어한다.

하지만 정보의 홍수 시대에 무분별한 정보를 걸러 듣는 것은 철저히 본인이 판단해야 한다. 양질의 정보임에도 불구하고, 많은 투자자들에게 득보다 실이 되는 큰 이유는 각자 추구하는 투자 기간, 목표 수익률, 감내할 수 있는 손실률 등의 투자 성향이 제각각 다르기 때문이다.

누군가가 장기적인 장밋빛 전망을 내놓았는데, 그걸 참고해서 투자했다가 단기간에 본인이 감내할 수 없는 손실이 발생했다고, 전망치를 내놓은 사람을 원망하는 것은 잘못된 행동이다.

손실에 대해서 남을 원망하고 있다면, 스스로의 투자 전략에 대해 점검해볼 필요가 있다.

포트폴리오에 종목 수가 적다면 보유 종목에 대한 연구를 열심히 해야 될 것이고, 깊이 있는 연구에 대한 한계가 있다면 리스크 관리 차원에서 적절히 분산해야 한다.

단기투자자들은 새로운 정보에 민감하고 시장 동향에 민첩하게 대응해야 하는 반면, 장기투자자는 단기간에 발생하는 시장 잡음에 흔들리지 않고 묵묵히 투자를 이어가야 한다.

그리고 공격적인 투자자일수록 가치주보다는 성장주에 비중을 많이 두고, 보수적인 투자자일수록 가치주에 비중을 많이 둘 것이다. 또한 공격적인 투자자는 주식에 비중을 많이 두는 반면, 보수적인 투자자는 안정성 자산에 비중을 많이 둘 것이다.

본인만의 투자 전략을 세워 놓고, 정보를 수집하고, 종목을 연구하여 포트폴리오를 운용한다면 적어도 내 투자로 남 탓을 할 일은 없을 것이다.

필자도 늘 부족한 부분을 보완하고, 투자 전략을 점검해서 보완해나가고 있다. 필자가 중국 투자에 적용하고 있는 투자 전략에 대해 소개한다.

앞서 소개한 투자 전략 중 '정률투자'에 '인버스ETF를 활용한 헤지'를 추가한 투자 전략이다. 간략하게 포트폴리오의 구성을 표로 나타내면 다음과 같다.

중국 증시	미국 증시
10종목 내외	단기, 중기, 장기국채ETF
가치주 : 70%	원유, 금 등 상품ETF
성장주 : 30%	중국 지수 or 인버스ETF

뒤에서 자세하게 설명하겠지만, 간단하게 소개하고 넘어가면 전체 자금의 절반은 중국 증시에서 개별 종목 포트폴리오를 구성하고, 나머지 절반은 미국 증시에서 각종 ETF로 구성했다.

투자의 핵심은 '중국 가치투자'이며, 미국 증시의 자금은 주로 '현금성 자산, 중국 투자의 변동성을 줄이기 위한 상관성이 낮은 자산투자, 중국 증시 상황에 따른 지수 or 인버스투자'로 구성했다.

투자 전략 부분에서 강조하고 싶은 포인트는 아래 세 가지다. 세 가지 포인트에 대해서는 뒤에서 상세히 소개한다.

1. 50:50 비중의 정률투자의 효용성
2. 상관관계가 낮은 자산의 분산투자에 대한 효용성
3. 약세장에서 인버스ETF를 통한 헤지의 효용성

중국 투자에 대해 먼 미래를 생각하면 전망이 좋지만, 당장에 감당해야 될 변동성을 견디는 것은 결코 쉽지 않다. 큰 변동성을 견디며 높은 수익률을 올리는 투자자가 있는 반면, 낮은 변동성으로 낮은 수익률을 올리는 투자자가 있을 것이다. 변동성을 줄이려면 그만큼 비용과 시간이 들어가기 마련이다. 리스크 관리에 비중을 높일수록 수익성은 떨어질 수밖에 없다.

본인의 투자 성향에 맞게 리스크를 줄이는 방법으로는 어떤 것이 있을까?

다양한 방법이 있겠지만, 필자가 생각하는 효과적인 방법 중 하나는 '인버스ETF'를 활용하는 것이다. 본인이 생각하는 약세장의 기준에 도달하면 원하는 비중만큼 인버스ETF를 매수하는 것이다.

예를 들어 필자는 3개월을 평균한 60일 이동평균선이하 이평선을 기준으로 주가가 60일 이평선을 하회하면 약세장, 60일 이평선을 상회하면 강세장으로 분류한다. 이건 개인적인 분류 기준이며 투자자들마다 기준은 세우기 나름이다.

지수가 60일 이평선을 하향 돌파하면 미국 증시 투자 자금으로, 중국 증시 포트폴리오의 50%를 커버할 수 있을 정도의 자금으로 중국 본토 인버스ETF를 매수한다. 시장 분위기가 좋지 않거나, 시장이 과열되어 있을 때에는 커버 비중을 더 높일 수도 있다.

예를 들어 시장의 시가총액이 GDP 대비 100%를 초과한 상태에서 지수가 60일 이평선을 하회하면, 최소 80% 이상을 커버하는 비중으로 인버스ETF를 매수할 것이다. 이렇게 할 경우, 시장이 약세장일 때 종목을 그대로 보유하고 있더라도 인버스ETF를 통해 손실을 어느 정도 커버할 수 있다.

하지만 시장이 회복될 때, 인버스ETF를 지속 보유한다면 오히려 수익을 악화시킨다. 리스크 관리를 위해 감안해야 할 부분이다. 하지만 하락폭이 클 때 인버스ETF로 충분한 '헤지'를 했다면, 시장 하락에 대한 방어를 어느 정도 할 수 있다는 것이 인버스ETF의 매력이다.

리스크를 분리하여 관리하라

주식투자에서 리스크는 '체계적 리스크'와 '비체계적 리스크' 두 개로 나뉜다. 두 개의 리스크를 다른 말로 '시장 리스크'와 '종목 리스크'로 표현할 수 있다.

필자는 아래와 같은 질문을 적지 않게 받는다.

"기업의 실적도 좋고, 앞으로 전망도 좋은데 주가는 왜 자꾸 떨어지나요?"

이런 경우는 보통 '시장 리스크'에 의한 주가 하락일 가능성이 크다. 이를 간단히 확인하려면 보유 종목이 떨어지는 동안 종합주가지수도 하락했는지, 대부분의 종목들이 같은 기간 동안 하락했는지 확인해보면 된다. 시장은 좋은데 투자한 종목의 흐름이 좋지 않다면, 개별 악재가 없는지 살펴봐야 된다.

투자자들마다 각자의 투자 전략이 있을 것이다. 필자는 '시장 리스크'에 대비하여 보유 종목을 매매하지 않는다. 대신 '시장 리스크' 정도에 따라 '인버스투자'를 병행한다. '인버스투자'란 말 그대로 반대로 투자하는 것이다.

즉 시장이 상승하면 인버스투자는 하락하고, 시장이 하락하면 인버스투자는 상승한다.

보편적으로 알고 있는 인버스투자는 크게 '선물, 옵션 매도'와 '인버스ETF'가 있다. 두 가지 방법에는 아래와 같은 장단점이 있으며, 필자는 주로 접근하기 쉬운 '인버스ETF'에 대해 소개한다.

종류	장점	단점
선물, 옵션	• 레버리지를 활용하여, 소액으로 활용이 가능	• 선물, 옵션에 대한 이해 필요 • 만기가 있으며, 높은 매매비용
인버스ETF	• 레버리지가 제한적이어서 선물 매도 대비 많은 자금 필요	• 만기가 없어 보유 기간이 자유로움 • 낮은 매매비용, 세금 상쇄

한 가지 짚고 넘어가자면 필자가 말하는 '인버스투자'는 하락에 베팅하여 수익을 내기 위한 용도가 아닌, 투자하고 있는 포트폴리오의 하락 리스크를 헤지hedge하기 위한 용도다.

매수 포지션을 유지한 상태에서 매도 포지션을 함께 가져가는 헤지 거래와 매수 포지션 없이 하락에 베팅하는 투기 거래는 전혀 다른 접근이다. 필자가 소개하는 '인버스투자'는 헤지를 위한 용도임을 반드시 명심하기 바란다.

'시장 리스크' 관리에 있어서 종목 포지션은 유지하면서 인버스ETF를 통해서 관리하는 것이 포트폴리오 종목을 매매하는 것보다 매력적인 이유는 아래와 같다.

1. 시장 리스크에 따른 주가 하락의 경우, 대부분의 종목들이 동시에 하락한다. 개별 종목들을 각각 비중을 줄이거나 매도하려면 대응하기가 쉽지 않다. 그런데 포지션을 유지한 상태로 그에 상응하는 크기의 비중만큼 인버스ETF를 매수하면 손쉽게 여러 종목을 매도한 효과를 볼 수 있다.
2. 매매가 잦아질 경우, 매수 호가에 팔고 매도 호가에 사면서 발생되는 손실도 적지 않다. 하지만 인버스ETF를 매수하고 기존 포트폴리오를 유지하면 이러한 매매에서 발생되는 손실을 줄일 수 있다.

두 번째는 개별 종목 리스크에 대한 관리다. 이는 시장의 전반적인 분위기와 상관없이 기업의 악재나 실적 악화에 의해 발생되는 개별 종목의 주가 하락에 대한 위험 관리를 의미한다.

시장 리스크와 종목 리스크를 분리하여 관리하므로 종목의 매매를 최소화하지만, 개별 종목의 과도한 상승 또는 악재에 따른 장기적인 하락 전망 등의 이유가 발생하면 종목에 대한 관리를 해줘야 한다.

1. 포트폴리오 내에서 상대적으로 고평가된 종목의 비중을 줄이고, 저평가된 종목의 비중을 높여 포트폴리오를 리밸런싱한다.
2. 종목의 장기적인 전망이 예상과 크게 다르게 갈 경우, 신중히 고려하여 종목을 변경하여 포트폴리오를 업그레이딩한다.

무한정 **'물타기'** 할 수 있는 **투자 전략**

장기적으로 증시가 '우상향'한다는 것을 전제로 했을 때, 주식만 100% 보유하는 것과 주식 50%와 채권 50%를 나눠서 보유하는 전략 중 어느 쪽이 수익률이 더 좋을까?

여기서 전제로 하는 50:50 비율은 최초에 나눠서 투자하고 계속 그대로 유지하는 '매입보유법'이 아니라, 양쪽 자산의 비율을 50:50으로 지속적으로 리밸런싱하는 '정률투자법'으로 투자할 경우로 가정한다.

단순 계산으로는 등락을 하더라도 상승할 때 많이 오르고, 하락할 때 그것보다 조금 떨어지는 패턴을 반복한다면 결국 주식 비중이 큰 전자가 수익이 더 높을 것이라고 예상할 수 있다. 하지만 다음의 표에서 깜짝 놀랄만한 결과를 볼 수 있다.

표는 60% 상승과 40% 하락이 반복될 경우, 누적되는 수익률을 두

정률투자의 효용성

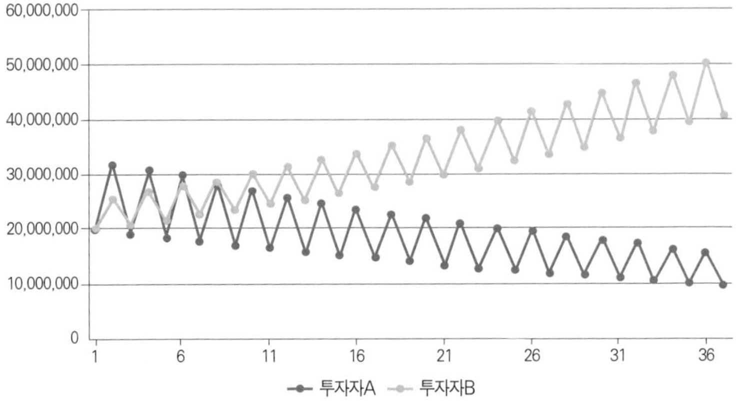

케이스로 비교해본 것이다. 원래 전략은 주식 50%와 채권 50%채권형 ETF지만 계산을 단순화하기 위해 채권 대신 현금으로 가정했다. 채권으로 가정을 하면 기대 수익률은 더 높아질 것이다.

투자자 A는 주식 비중을 100% 유지하면서 높은 수익과 보다 낮은 손실을 반복했다고 가정했다. 그랬더니 예상보다 형편없는 결과가 도출되었다. 36회를 같은 수익과 손실을 반복했더니 자금이 반 토막이 되었다. 흔히 언급되는 비슷한 내용 중 "50% 떨어진 자금이 원금 회복되려면 100% 상승을 해야 된다."라는 말이 있다. 투자할 때 주식 비중을 100% 채워 놓으면 손실보다 수익이 어느 정도 많이 나더라도 결과적으로 큰 손실로 이어질 수 있음이 확인된다.

투자자 B는 전체 자금에서 주식 비중을 늘 50%로 유지하는 전략을 취했다. 주식에서 수익이 나면 일부를 현금화시키고, 손실이 나면 주식 비중을 늘려서 50:50의 비율을 계속 맞춰나가는 방식이다.

리밸런싱 주기는 적당한 기준을 스스로 선택하면 좋을 것 같다. 한 달에 한 번 또는 분기별로 한 번 기계적으로 50:50으로 조율할 수 있고, 또는 기간에 상관없이 비율이 60:40 또는 70:30으로 비율이 변했을 때마다 50:50으로 다시 조율해주는 원칙도 생각해볼 수 있다.

주변에 종종 '물타기'를 하는 투자자들을 보면, 본인의 판단으로 바닥인 것 같아서 물타기를 했는데 거기서 더 떨어지는 경우를 종종 보게 된다. 물타기 자체가 나쁘진 않지만, 중요한 것은 처음 매수한 가격보다 많이 떨어진 것에 매력을 느껴 여유 자금으로 왕창 물타기를 하는 우를 범한다는 것이다.

시장 리스크에 대한 대응은 기준을 세운 대로 적절한 리밸런싱을 해나가면 수익이 누적되는 속도가 생각보다 빠르다는 것을, 다음의 표를 통해 검증이 된다. 36회를 반복한 뒤 투자자 A는 자산이 반 토막이 되고, 투자자 B는 두 배가 되면서 4배가 넘는 차이가 발생된다.

정률투자는 전략이 없는 일반 투자에 비해, 안정성뿐만 아니라 수익성 또한 극대화되는 결과를 보여준다. 물론 실제 투자에 적용하는 것이 처음에는 쉽지 않다. 하지만 성공 투자를 위한 첫 걸음이라 생각하고 냉철하게 원칙을 지켜나가는 것이 내 돈을 지키는 길이고, 멀리 봐서는 수익 또한 더 높은 결과로 이어진다.

		투자자A	투자자B		
No.	수익률	주식 100%	주식 50%	현금 50%	토털 100%
0	최초원금	20,000,000	10,000,000	10,000,000	20,000,000
1	60% 상승	32,000,000	16,000,000	10,000,000	26,000,000
2	40% 하락	19,200,000	7,800,000	13,000,000	20,800,000
3	60% 상승	30,720,000	16,640,000	10,400,000	27,040,000
4	40% 하락	18,432,000	8,112,000	13,520,000	21,632,000
5	60% 상승	29,491,200	17,305,600	10,816,000	28,121,600
6	40% 하락	17,694,720	8,436,480	14,060,800	22,497,280
7	60% 상승	28,311,552	17,997,824	11,248,640	29,246,464
8	40% 하락	16,986,931	8,773,939	14,623,232	23,397,171
9	60% 상승	27,179,090	18,717,737	11,698,586	30,416,323
10	40% 하락	16,307,454	9,124,897	15,208,161	24,333,058
11	60% 상승	26,091,926	19,466,446	12,166,529	31,632,975
12	40% 하락	15,655,156	9,489,893	15,816,488	25,306,380
13	60% 상승	15,028,950	20,245,104	12,653,190	32,898,294
14	40% 하락	24,046,319	9,869,488	16,449,147	26,318,636
15	60% 상승	14,427,792	21,054,908	13,159,318	34,214,226
16	40% 하락	14,427,792	10,264,268	17,107,113	27,371,381
17	60% 상승	23,084,467	21,897,105	13,685,691	35,582,795
18	40% 하락	13,850,680	10,674,839	17,791,398	28,466,236
19	60% 상승	22,161,088	22,772,989	14,233,118	37,006,107
20	40% 하락	13,296,653	11,101,832	18,503,054	29,604,886
21	60% 상승	21,274,644	23,683,909	14,802,443	38,486,351
22	40% 하락	12,764,787	11,545,905	19,243,176	30,789,081

		투자자A	투자자B		
No.	수익률	주식 100%	주식 50%	현금 50%	토털 100%
23	60% 상승	20,423,659	24,631,265	15,394,541	40,025,805
24	40% 하락	12,254,195	12,007,742	20,012,903	32,020,644
25	60% 상승	19,606,712	25,616,515	16,010,322	41,626,838
26	40% 하락	11,764,027	12,488,051	20,813,419	33,301,470
27	60% 상승	18,822,444	26,641,176	16,650,735	43,291,911
28	40% 하락	11,293,466	12,987,573	21,645,956	34,633,529
29	60% 상승	18,069,546	27,706,823	17,316,764	45,023,588
30	40% 하락	10,841,728	13,507,076	22,511,794	36,018,870
31	60% 상승	17,346,764	28,815,096	18,009,435	46,824,531
32	40% 하락	10,408,058	14,047,389	23,412,266	37,459,625
33	60% 상승	16,652,984	29,967,700	18,729,812	48,697,512
34	40% 하락	9,991,736	14,609,254	24,348,756	38,958,010
35	60% 상승	15,986,778	31,166,408	19,479,005	50,645,413
36	40% 하락	9,592,067	15,193,624	25,322,706	40,516,330

중국 주식에 미국 ETF를 더하다

앞서 50:50 정률투자의 효용성에 대해 소개했다. 필자는 50%는 중국 증시에 직접투자를 하고, 나머지 50%는 미국 증시에 상장된 ETF에 분산투자를 한다.

미국 증시의 자금은 주로 '안정성이 높은 단기 국채투자', '중국 증시와 상관성이 낮은 자산에 투자', '중국 증시 약세장에서 인버스투자'로 구성된다.

ETF투자가 이미 보편화되어 있기 때문에 간단하게 소개를 하자면, ETF는 상장지수펀드Exchnage Traded Fund의 약자다. 거래소에서 주식처럼 거래할 수 있는 펀드라고 이해하면 된다. 이미 상품의 성격에 맞는 투자군에 분산투자한 상품이다. 그렇기 때문에 하나의 ETF에 투자해도 분산의 효과가 있으며 비체계적 리스크가 발생할 확률이 극히 낮다.

ETF의 가장 대표적인 5개 자산군은 '주식, 채권, 원자재, 부동산, 통화'이며, 필자가 소개할 자산군은 '채권, 원자재유가, 금 등, 주식인버스' 등이다.

미국에 상장된 ETF에 투자하지만, 실제로는 전 세계 모든 국가에 투자가 가능한 곳이 미국의 ETF시장이다.

미국의 ETF시장은 코스피시장 시가총액의 두 배에 육박하며, 상장된 ETF 수는 1,663개로 구성도 다양하다. 필자는 중국 주식시장에 집중하고 있지만, 얼마든지 다른 국가 또는 업종에 투자의 기회가 생기면 미국의 ETF를 통해 투자한다.

미국 증시에 배분된 자산의 주요 목적은 50:50 정률투자를 진행하기 위한 용도다. 그래서 중국 증시는 수익성이 우선이라면, 미국 증시는 안정성이 우선이다.

필자의 ETF투자에 대해 세 가지로 요약해보았다.

첫째로 미국 증시의 주요 투자처는 안정성 투자처로 대표되는 미국의 채권형ETF이다. 주로 단기와 중장기 미국 국채ETF에 투자하며, 중장기국채는 채권시장의 흐름에 따라 비중을 조절한다. 대표적인 미국채 ETF는 아래와 같다.

- **TLT** : iShares 20+ Year Treasury Bond ETF
- **IEF** : iShares 7-10 Year Trasury Bond ETF

- **IEI** : iShares 3-7 Year Treasury Bond ETF
- **SHY** : iShare 1-3 Year Treasury Bond ETF

SHY의 경우, 단기채권형이기 때문에 변동성이 극히 낮다. 언제든 현금 대신 보유하고 있을 수 있는 안전성 자산이다. 채권형 상품의 경우 만기가 길어질수록 변동성이 커진다는 것을 유념하자. 장기채권을 비쌀 때 투자한다면, 안전성 자산임에도 불구하고 큰 손실을 입게 될 수도 있다.

필자는 주로 SHY와 IEF에 투자하며, 채권투자의 매력도가 높은 시기에는 장기채인 TLT도 관심을 가지고 있다.

둘째로 안정성이 우선이지만, 중국 증시의 변동성을 줄이면서 추가 수익도 누릴 수 있는 투자를 병행하기 위해 미국 증시의 일부 자금은 중국 증시와 상관성이 낮은 원유, 금, 신흥국채권 등에 적절하게 투자한다. 대표적인 상품은 아래와 같다.

- **XLE** : SPDR Selcet Sector Fund – Energy Select Sector
- **GDX** : VanEck Vectors Gold Miners ETF
- **BWX** : SPDR Barclays Intl Treasury Bd

앞서 말했듯이 미국 증시의 자금은 수익성보다 안정성이 우선이기 때문에 이를 고려하여 적정한 비중으로 투자에 임한다.

셋째로 미국 증시 투자 전략의 핵심인 중국 인버스ETF를 잘 활용하는 것이 중요하다. 인버스는 기본적으로 추종하는 지수의 -100%의 움직임을 보이며, 3배 레버리지 인버스 상품은 지수의 -300%의 움직임을 보인다. 즉 -1배 상품과 -3배 상품은 지수가 3% 하락하면, 각각 +3%, +9%씩 상승한다.

미국 증시에는 홍콩H지수를 -2배를 추종하는 FXPUltrashort FTSE China 25 ETF와 -3배를 추종하는 YANGDaily China Bear 3X Shares ETF가 있으며, 중국 본토 증시의 경우 지수를 -1배 추종하는 상품은 CHADDirexion Daily CSI 300 China A Shares Bear 1X Shares ETF이며, 레버리지 인버스 상품은 없다. 본토 레버리지 인버스 상품도 개발 중에 있는 것으로 알고 있다국내에는 미래에셋자산운용의 Tiger 차이나 인버스ETF가 있으며, -1배를 추종한다. 세금적인 측면에서 해당 ETF보다는 미국 증시 ETF를 추천하며, 자세한 설명은 다음 장에서 소개한다.

해외**투자**
절세 전략

해외투자에 있어서 빼놓을 수 없는 부분이 바로 '양도소득세'에 대한 부분이다. 해외주식 양도소득세는 1년을 기준으로 합산하여 차익의 250만 원까지 공제해주고 나머지의 22%를 부과한다. 참고로 부동산에서 발생한 양도소득세와는 합산되지 않는다.

• 예시 1) 중국 주식 2억 투자, 1년 합산 수익 20%(4,000만 원)

: 4,000만 원 - 250만 원(공제) = 3,750만 원, 세금: 3,750만 원 × 22% = 825만 원

• 예시 2) 중국 주식 1억, 미국 주식 1억 투자,

: 중국 수익 20%(2,000만 원), 미국 수익 20%(2,000만 원), 1년 합산 수익 4,000만 원

: 4,000만 원 - 250만 원(공제) = 3,750만 원, 세금: 3,750만 원 × 22% = 825만 원

예시 2와 같이 중국뿐만 뿐만 아니라 모든 해외 주식을 합산한 수익에 대해 양도소득세가 부과된다.

1년 단위로 합산을 하다 보니 올해에는 수익이 높아서 세금을 많이 내고, 내년에는 손실을 볼 수도 있다. 이런 경우 2년 합산을 해보면, 수익에 비해 세금을 많이 부과되는 일이 생길 수 있다.

- case 1 : 첫 해 수익 1억 원 + 둘째 해 손실 1억 원 =〉세금 : 2,145만 원
- case 2 : 첫 해 수익 5천만 원 + 둘째 해 손실 5천만 원 =〉세금: 1,045만 원

위 두 케이스는 2년 합산 수익은 제로로 동일하지만, case 1의 경우가 case 2보다 세금을 1,100만 원이나 더 내야 하는 웃지 못할 일이 벌어진다.

투자활동이 계속 지속되는 것을 감안하면, 수익성의 변동을 줄이는 것만으로도 절세의 효과가 나타난다. 이러한 변동성 축소가 말처럼 쉽지는 않겠지만, 본인의 투자 전략에 맞춰서 리스크를 관리한다면 효과적으로 변동성을 줄일 수 있다.

다음은 '왜 국내 상장 ETF가 아닌, 미국 상장 ETF를 통한 인버스투자를 해야 되는가?'에 대한 내용이다. 국내에 상장된 중국 본토 인버스 ETF보다 미국 상장 중국 본토 인버스ETF에 투자해야 되는 이유는 크게 두 가지다.

첫째, 국내 상장 중국 본토 인버스ETF는 세금 구분이 해외 펀드와 동일하다. 이는 매매 차익에 대해 15.4%의 원천징수 및 다른 금융이자소득과 합산하여 2,000만 원을 초과할 시, 전체가 종합금융소득과세에 포함되는 큰 단점이 있다. 많은 투자자들이 이 부분을 간과하고 있는데, 꼭 유념하여 투자에 임할 것을 권한다.

하지만 미국 상장 ETF는 해외 주식과 같이 세금 구분이 양도소득세로 분류된다. 5월에 22% 납부 후, 분류과세로 납세가 마무리된다. 여기까지만 설명하면, 수익이 2,000만 원보다 적을 경우는 국내 ETF가 더 유리하다고 생각할 수 있다. 하지만 두 번째 이유를 보자.

둘째, 미국 상장 ETF는 중국 주식과 손익이 합산되지만, 국내 상장 ETF는 그렇지 않다. 이 부분이 첫째 이유보다 훨씬 더 중요하다. 예시를 통해 비교하면 이해가 훨씬 빠를 것이다.

- 예시) 중국 주식 1억 원 + 인버스ETF 1억 원

  중국 주식 30% 수익, 인버스ETF 15% 손실

- 국내 인버스ETF 활용 세금 : 605만 원 + a

  → (중국 주식 수익 3,000만 원 − 250만 원) × 22% = 605만 원

  (a는 금융소득종합과세 포함 가능성)

  → 인버스ETF의 손실이 세금을 상쇄시키지 못함

- 해외 인버스ETF 활용 세금 : 275만 원

  → {(중국 주식 수익 3,000만 원 − 인버스ETF 손실 1,500만 원) − 250만 원}

  × 22% = 275만 원

예시에서 리스크 관리를 위한 인버스 ETF투자의 방법은 동일하다. 하지만 해외 ETF에 투자하느냐 국내 ETF에 투자하느냐에 따라, 세금을 감안한 최종수익률은 엄청난 차이를 보인다. 투자를 더 잘해서가 아니다. 단지 국내 상품이 아닌 해외 상품을 활용한 것만으로 이러한 차이를 보인다.

앞서 언급하였듯이 미국에 상장된 중국 본토 인버스ETF는 Direxion사에서 운용하는 CHADDirexion Daily CSI 300 China A Shares Bear 1X Shares

가 유일하다.

미국 상장 인버스ETF를 통해 리스크를 관리하면, 변동성을 줄이면서 절세 효과까지 얻을 수 있어 아주 매력적이다. 하지만 중국 투자는 개별 종목 포트폴리오로 하고, 인버스ETF는 CSI300지수를 추종한다. 그렇기 때문에 포트폴리오에서 성장주의 비중이 커서 지수의 변동과 주가가 무관하게 움직이는 종목의 비중이 크면 헤지의 효과가 줄어들 수 있다.

상관성이 낮은 곳에 분산투자하라

상관성이 높은 기업들에 나눠서 투자하는 것은 분산투자의 효용성이 많이 떨어진다. 상관성의 정도를 측정하는 상관계수는 –1~1로 나타내며, 계수가 1일 경우 상관성이 100%에 가깝다는 의미로 분산의 의미가 전혀 없으며, 계수가 –1일 경우 상관성이 전혀 없으므로 분산투자하기에 최적의 조건을 갖추고 있는 대상이라고 볼 수 있다.

다음의 그림은 전혀 분산이 되지 않는 포트폴리오와 완벽하게 분산이 되는 포트폴리오를 나타낸 그림이다.

〈No Diversification〉 그림의 경우 A와 B가 동일하게 움직이기 때문에 '포트폴리오 1'의 변동성을 줄이는 데 아무런 분산 효과가 없다.

반면 〈Complete Diversification〉 그림의 경우는 C와 D의 상관성이 아주 낮아서 완벽하게 변동성을 줄여주는 모습을 확인할 수 있다.

해당 그림은 이론적인 부분이라 이렇게까지 완벽하게 변동성을 줄일 수 없다. 하지만 중국 증시와 상관관계가 낮은 자산에 분산투자를 하여 변동성을 줄인다면, 보다 안정적으로 중국 주식투자를 이어갈 수 있을 것이다.

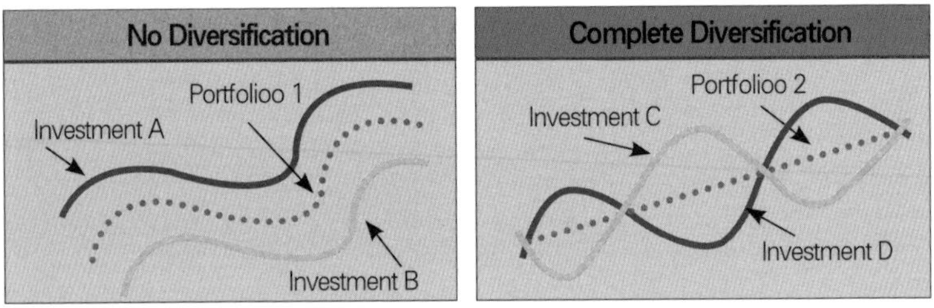

다음의 표를 통해 다양한 자산들의 상관관계를 알 수 있다. 상해종합지수와 상관성이 낮은 자산들 중 대표적인 것이 금Gold과 채권Bond이다. 특히 금은 -0.3으로 가장 낮은 상관관계를 보였고, 전반적으로 상해종합지수와 상관성이 낮은 것을 확인할 수 있다.

상관관계가 낮다는 것과 인버스와는 전혀 다른 개념임을 명심해야 한다. 인버스는 포트폴리오와 정반대의 베팅을 통해 손실을 방어하는 헤지의 용도다. 그리고 상관성이 낮다는 것은 단기적으로는 움직이는 방향이 제각각이지만 장기적으로는 흐름이 우상향하는 투자의 용도다.

다시 말해 헤지는 하락에 대한 방어가 목적이고, 상관관계가 낮은 자산에 분산투자하는 것은 변동성을 낮추기 위함이다.

필자는 미국 증시에서 '미국채, 금, 유가, 신흥국국채' ETF에 적절하게 분산투자하고 있으며, 중국 증시와 금에 분산투자하는 것에 대해 간략하게 소개한다.

	EMU	S&P 500	FTSE 100	Brazil	Japan	Shanghai	India	GCC	EM	MSCI China	UK Property	Gilts	1-5 Corps	EM Bonds	Gold	Commodities	Balanced Fund
EMU	-	0.5	0.8	0.3	0.6	0.1	0.7	0.0	0.6	0.6	0.5	-0.4	0.0	0.3	-0.3	0.1	0.6
S&P 500	0.5	-	0.5	0.2	0.4	0.1	0.3	0.3	0.4	0.3	0.4	-0.1	0.0	0.2	-0.2	-0.1	0.3
FTSE 100	0.8	0.5	-	0.4	0.7	0.2	0.6	0.2	0.6	0.6	0.6	-0.3	-0.1	0.2	-0.3	0.1	0.7
Brazil	0.3	0.2	0.4	-	0.1	0.0	0.5	0.0	0.7	0.5	0.2	0.0	-0.1	0.5	0.1	0.4	0.4
Japan	0.6	0.4	0.7	0.1	-	0.1	0.4	0.2	0.4	0.4	0.4	-0.5	-0.1	-0.1	-0.5	0.0	0.5
Shanghai	0.1	0.1	0.2	0.0	0.1	-	0.1	0.2	0.2	0.4	0.0	-0.2	0.0	0.1	-0.3	0.2	0.2
India	0.7	0.3	0.6	0.5	0.4	0.1	-	0.0	0.7	0.6	0.5	-0.3	-0.1	0.4	-0.1	0.2	0.6
GCC	0.0	0.3	0.2	0.0	0.2	0.2	0.0	-	0.1	0.2	0.3	-0.1	0.0	0.0	-0.1	0.0	0.1
EM	0.6	0.4	0.6	0.7	0.4	0.2	0.7	0.1	-	0.9	0.4	-0.2	0.0	0.7	0.0	0.3	0.6
MSCI China	0.6	0.3	0.6	0.5	0.4	0.4	0.6	0.2	0.9	-	0.4	-0.2	-0.1	0.6	-0.1	0.2	0.5
UK Property	0.5	0.4	0.6	0.2	0.4	0.0	0.5	0.3	0.4	0.4	-	-0.1	0.1	0.3	-0.2	-0.1	0.4
Gilts	-0.4	-0.1	-0.3	0.0	-0.5	-0.2	-0.3	-0.1	-0.2	-0.2	-0.1	-	0.4	0.2	0.4	0.1	-0.2
1-5 Corps	0.0	0.0	-0.1	-0.1	-0.1	0.0	-0.1	0.0	0.0	-0.1	0.1	0.4	-	0.2	0.2	-0.1	0.0
EM Bonds	0.3	0.2	0.2	0.5	-0.1	0.1	0.4	0.0	0.7	0.6	0.3	0.2	0.2	-	0.2	0.1	0.5
Gold	-0.3	-0.2	-0.3	0.1	-0.5	-0.3	-0.1	-0.1	0.0	-0.1	-0.2	0.4	0.2	0.2	-	0.2	-0.2
Commodities	0.1	-0.1	0.1	0.4	0.0	0.2	0.2	0.0	0.3	0.2	-0.1	0.1	-0.1	0.1	0.2	-	0.2
Balanced Fund	0.6	0.3	0.7	0.4	0.5	0.2	0.6	0.1	0.6	0.5	0.4	-0.2	0.0	0.5	-0.2	0.2	-

Source: FE Data/Charles Stanley Pan Asset

앞에서 말한 것처럼 장기적으로 우상향하되, 단기적으로 중국 증시와 상관성이 낮은 투자처에 함께 투자하면 변동성을 많이 줄일 수 있다. 중국 투자와 역의 상관관계 중 대표적인 투자처가 금Gold이다. 중국 증시가 하락하거나 조정기에 있을 때, 금값은 상승하는 모습을 확인할 수 있다.

중국 주식투자자 구성의 대부분을 차지하고 있는 개인투자자들의 일반적인 패턴을 보면, 증시가 하락할 때는 부동산 또는 금투자로 수요가 증가해왔다. 또한 다른 주요국 대비 유동성M2이 풍부하여 금시장으로 유입될 자금이 상대적으로 풍부하며, 앞으로 중국의 금투자 수요는 더욱 증가할 전망이다. 그러므로 중국 증시와 금의 분산투자 매력은 앞으로도 지속될 것이다.

아래 비교 차트를 보면, 정확하게 반대로 움직이지는 않지만 중국 투자의 변동성을 줄이는 데 큰 도움이 되는 모습을 보여준다.

연초대비 금광업GDXETF와 상해종합지수의 비교 차트를 보면, 정반대

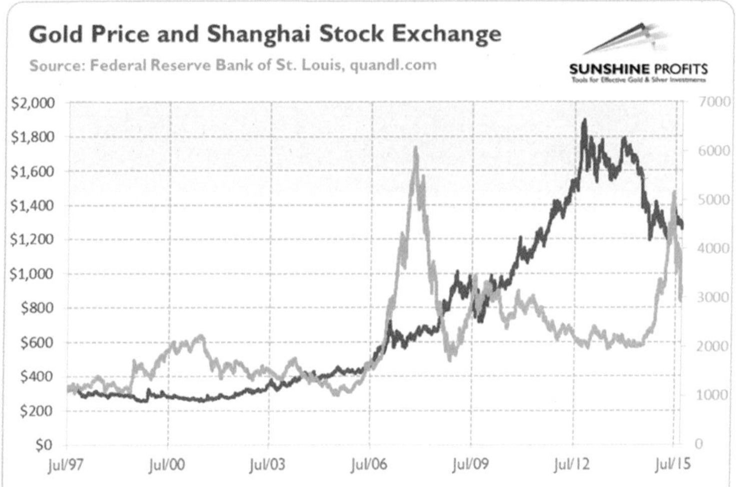

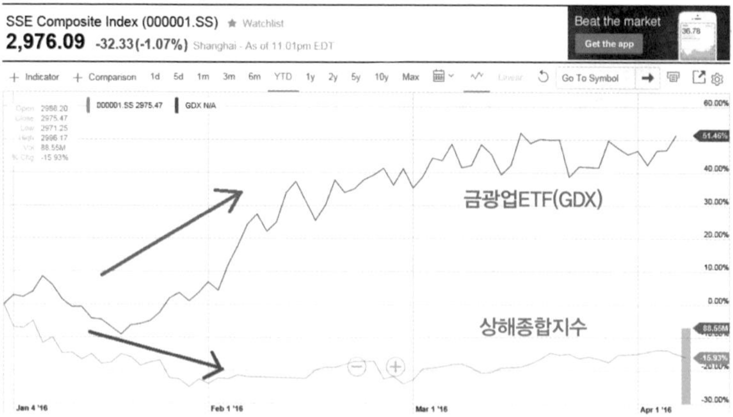

의 흐름을 보여주었다. 포트폴리오 내에서 미국 증시에 투자되는 자금은 주로 채권형ETF, 원자재ETF, 차이나인버스ETF에 적절하게 투입된다.

물론 어느 정도 수익을 기대해볼 수 있겠지만, 주목적은 중국 증시의 변동성을 줄이는 것과 하락에 대한 리스크 헤지의 기능이다.

이러한 흐름이 이어져서 미국 투자 자금이 중국 투자 자금 대비 어느 정도 비중이 커질 경우, 일부를 현금화하여 중국 주식을 추가 매수한다. 50:50의 정률투자 전략을 적용하는 것이다.

중국 가치투자 포트폴리오

'중국 가치투자 전략'이 추구하는 바는 리스크 관리를 잘해서 좋은 기업에 장기투자하는 것이다. 중국 기업에 장기투자하는 동안 많은 일들이 눈앞에 닥칠 것이다.

그럴 때마다 체계적 리스크 관리를 위해 인버스ETF를 매매할 것이고, 비체계적 리스크 관리를 위해 종목 간의 리밸런싱도 하고, 매도의 조건에 부합하는 종목은 포트폴리오에서 탈락시키고, 새로운 종목을 편입시키는 경우도 발생할 것이다. 또한 50:50 정률투자를 위한 비중 리밸런싱도 진행될 것이다.

앞서 하향식Top-Down 접근 방식으로 중국 가치투자 프로세스 및 전략에 대해 이야기를 나누었다. 이번 장에서는 중국 가치투자의 핵심인 '중국 주식 포트폴리오'에 대해 이야기한다.

포트폴리오를 구성하는 순서는 유망 업종을 선택하여, 해당 업종의 대표 기업들을 골라내는 방식으로 접근한다. 먼저 유망 업종을 선택하기 위해 중국의 부채 현황을 보자.

중국 GDP 대비 총 부채비율(2015.2Q)		
정부 부채 (42.7%)	기업 부채 (163.1%)	가계 부채 (37.9%)

출처 : BIS

중국의 기업 부채비율이 심각하다는 것은 부인할 수 없다. 역사적으로 선진국들의 기업 부채는 현재 중국의 수준에 도달하기 전에 터졌다. 그럼에도 불구하고 중국에 투자한다는 것은 '아직은 때가 아닌 것 같다'라고 생각하기 때문일 것이다.

하지만 투자에서 리스크는 언제나 존재한다. 이러한 리스크에 대한 대응은 본인의 투자 전략에 따라 관리하면 된다. 필자의 의견을 간단하게 언급하고 넘어가자면, 기업 부채 문제가 심각하지만 2016년 3,000pt 초반대의 중국 증시는 경제 규모 대비 아주 저평가되어 있다.

버블 붕괴는 버블이 생겨야 터지는 법이다. '시가총액/GDP'의 기준으로 봤을 때, 현재 GDP 기준으로 상해종합지수가 적어도 6,000pt에 가야 시가총액/GDP가 100%가 된다. 물론 지속적으로 투자 전략에 따른 리스크 관리는 기본적으로 하지만, 향후 5,000pt를 넘어서고 지수가 또다시 중장기적 약세장에 들어서면 필자는 주식 비중 조절 및 인버스투자를 통해 포트폴리오를 '완전 헤지'할 것이다.

다시 유망 업종으로 넘어와서, 돈이 흘러가는 곳은 크게 '정부정책 수혜주'와 '내수소비 수혜주'다. 중국의 정부 부채는 충분이 낮은 수준이고, 가계 부채는 과도하게 낮은 수준이다. 중국 정부는 이를 통한 경제 발전을 이끌어갈 것이다.

하나씩 짚어보자.

: 정부정책 수혜주

- 중국 정부는 충분이 낮은 부채비율을 보이고 있으며, 재정지출을 일으켜 경제 발전을 위한 투자를 지속할 것이다. 정부투자의 핵심은 도시화와 교통 인프라 구축이다. 유망 업종으로는 도시화 관련 부동산 업종과 도시 및 교통 인프라 구축을 위한 건설 업종이 대표적이다.
- 중국 정부의 전기차 보급화에 대한 열정은 무서울 정도다. 전기충전소 인프라, 전기차 완성차 및 배터리 등 전기차 관련주는 강력한 정부정책 수혜주라고 할 수 있다.
- 환경 문제는 중국이 해결해야 할 빼놓을 수 없는 과제다. 관련 업종 또한 정부의 강력한 정책 수혜를 입을 수밖에 없다. 여기에는 환경오염과 관련된 업종도 포함될 것이고, 신재생에너지에 관련된 업종도 포함될 것이다. 자세한 내용은 '유망 업종 및 수혜주' 카테고리에서 소개한다.

: **내수소비 수혜주**

- 중국은 '세계의 공장'에서 '세계의 소비시장'으로의 전환기에 놓여 있다. 향후 2025년이 되면 중국의 구매력평가 기준 경제 규모는 미국의 1.5배 이상 수준에 이를 전망이다. 3억 명의 중산층이 생겨날 것이며, 미국 전체 인구보다 더 많은 핵심 소비 인구가 생겨나는 것이다. 중국 투자의 대박은 중산층들의 소비를 휘어잡는 소비주에서 나올 가능성이 높다.
- 몇 가지 소비주를 꼽아보자면, 자동차 업종의 매력은 여전히 유효하다. 판매증가율이 소폭 둔화되는 모습을 보이지만, 인구 대비 자동차 대수는 여전히 매우 낮은 편이고, 레저스포츠를 위한 세컨카 및 정부 주도의 전기차시장 활성화가 자동차 업종의 성장을 앞으로도 꾸준히 견인해갈 수 있다고 본다.
- 금융서비스의 전망도 매우 좋게 본다. 향후 중국 금융산업의 패러다임은 은행 업종에서 증권 업종과 보험 업종의 활성화로 넘어갈 것이다. 중국의 IB(Investment Bank) 업종의 발전은 이제 막 걸음마 단계다. 이를 대변하는 대표적인 수치가 바로 증시에서 개인투자자들이 차지하는 비중이다. 해외 자금 및 기관들의 자금이 유입되면서 금융시장은 폭발적으로 성장할 전망이다. 보험 업종 또한 개인들의 보험가입률이 선진국 대비 아주 낮은 수준이기 때문에 앞으로의 성장이 기대된다.
- 중국인들의 삶의 질이 높아지면 빼놓을 수 없는 것이 문화산업이다. 최근 눈에 띄는 변화 중 하나는 영화관의 수가 빠르게 늘고 있다는 것

이다. 한국의 1인당 연간 영화관람 횟수가 4회인 반면, 중국은 0.9회로 향후 성장 가능성이 엄청나다. 중국의 최대 부자인 완다그룹의 왕지엔린 회장이 완다시네마를 통해 영화사업 확장에 힘쓰는 모습을 보면 향후 성장이 더 기대된다.

다양한 유망 업종에 대해 알아봤다. 이제 포트폴리오에 편입할 종목들을 선택해야 한다. 종목 구분을 크게 가치주와 성장주로 나눈다. 그리고 투자 성향에 따라 가치주와 성장주의 비중을 섞어서 포트폴리오를 구성한다. 안정성을 위해 가치주로 다 채워 놓고 싶지만, 앞으로의 폭발적인 성장이 기대되는 성장주를 포함시키지 않으면 나중에 후회할 것 같다.

그래서 필자는 안정성을 우선으로 하여 가치주에 70% 비중을 두고, 성장주에 30%의 비중을 두었다.

중국 종목 포트폴리오에 대한 관리는 아래와 같이 진행한다.

1. 주기적으로 단기, 중기, 장기적 관점에서의 기술적 점검을 한다.
2. 실적이 발표되면 가치평가를 업데이트하여 밸류에이션 대비 주가의 수준을 파악한다.
3. 지속적으로 정보를 수집하면서 보유 종목의 이슈 및 악재를 점검한다.

4. 적정 주가 대비 단기간에 과도한 상승을 했다면, 비중을 일부 축소하여 상대적으로 저평가된 종목의 비중을 늘려준다.
5. 매도해야 되는 기준에 부합하는 종목은 매도하고, 새로운 종목을 편입시킨다.

(이와 관련된 내용은 뒷부분에서 상세히 소개한다.)

단순한 **투자 전략**이 **천국**으로 가는 **계단**이다

"가치투자는 이해하기는 쉽지만 실천하기는 어렵다. 정작 어려운 부분은 분석 기술이나 계산 방식에 있지 않고, 원칙을 지키고 인내하고 판단하는 것에 있다."

세스 클라먼의 말이다.

초보투자자들은 전문가는 뭔가 특별한 매매 전략이 있을 거라고 오해한다. 하지만 매매 방식의 차이는 투자에 있어 일부분에 불과하며, 그들이 사용하는 전략도 의외로 단순하다. 일반적으로 투자자들은 본인이 이해를 못하더라도 어렵게 설명해줘야 있어 보이고, 그럴듯해 보인다고 생각한다.

GE의 회장을 지낸 잭 웰치는 말했다.

"사람들이 단순해지는 것이 얼마나 어려운지, 그리고 그들이 단순해지는 것을 얼마나 두려워하는지는 믿을 수 없을 정도다. 그들은 단순해지면 다른 사람들이 자신들을 멍청하다고 생각할 것으로 우려한다. 물론 현실에서는 정반대다. 명확하고 현실적인 사람들이 가장 단순하다."

단순함이야말로 가장 가치 있는 투자 전략임을 기억하자.

주식투자도 예외는 아니다. 단순한 주식투자 전략이 바로 천국으로 가는 계단이다. 여러 요소들을 종합하여 매매 전략을 수립해야 하겠지만, 이를 지키기 위해서는 무엇보다 단순해져야 한다.

투자자 자신이 해야 할 일은 첫째, 단순함을 유지하는 것이다. 사람의 처리 능력은 한계가 있다. 매매에 있어서도 여러 가지의 매매 원칙은 빈번한 매매를 하게 한다.

둘째, 단순함을 지키는 것이다. 매매할 때 상승 종목에 이끌려 매수에 가담하는 어리석은 행동을 피할 수 있다.

셋째, 반복된 단순함을 유지하는 것이다. 단기 매매든, 장기 매매든 자신이 정한 단순한 매매를 반복해야 한다. 언뜻 쉬운 것 같아 보이지만 단순함을 추구하는 것은 복잡하게 하는 것보다 더 어렵다.

복잡한 수학적 계산을 요구하는 매매 전략을 추구하는가?

컴퓨터 같은 두뇌를 갖기를 원하는가?

수학적 계산만으로 주식투자의 해법을 찾을 수 있다면, 수학 전공자나 수학자들이 주식에서 돈을 잃지 않아야 할 것이며, 컴퓨터 관련 전문가들 또한 마찬가지여야 한다.

하지만 현실은 어떤가?

이들이 주식에서 돈을 잃지 않았다는 얘기를 들어본 적이 있는가?

주식투자를 하면서도 완전한 원칙에 대한 해답을 얻을 수 없기에 사람들은 그 안에 자신들이 이해하지 못하는 원칙이 숨겨져 있을 것이라는 착각을 하게 된다. 이런 착각들이 점점 더 복잡한 원칙을 만들게 하는 원인이다.

이런 상황은 파티에 모인 사람들이 점점 목소리를 높이는 현상과 같다. 사람들이 모여 있는 시끄러운 장소에서 다른 사람들에게 말을 하려면 목소리를 높여야 한다. 그러나 모든 사람들이 목소리를 높이면 주위가 더 시끄러워지기 때문에 사람들은 점점 더 큰소리로 말할 수밖에 없게 된다.

복잡한 수학적 계산을 요하는 형식주의에 얽매이지 말고 단순한 투자 전략을 쫓기를 바란다.

단순한 **원칙** 하나가 **두려움**을 **이기게** 한다

벤저민 그레이엄은 "주식 매수는 향수가 아니라 식료품을 사듯이 하라."고 투자자들에게 조언하고 있다. 더불어 투자자들에게 계량화하는 습관이 무엇보다 중요하다고 강조한다. 적정 매수 가격과 시장 가격을 비교하고 관찰하면서 투자를 결정하라는 것이다.

마트에서 쇼핑을 한다고 가정해보자. 식료품은 구체적이다. 식료품은 우리가 손으로 만질 수 있고, 필요한 물품을 집어서 카트에 담을 수도 있다. 하지만 향수는 막연하다. 공기 중에 한 번 뿌리고 나면 향기는 금세 사라지고, 볼 수도 없고, 만질 수도 없다. 단지 옆 사람에게 향기만을 줄 뿐이다.

나름 상한가 매매를 하는 데 필요한 원칙을 세운다. 그런 다음 급등주에 홀려 향수와 같은 종목을 매수한다. 빠른 시간 안에 투자 금액을 늘리기 위해서 나약한 개인투자자라는 사실을 잊는다. 주식을 시작하면서 가끔 찾아오는 행운을 실력으로 착각한다. 대단한 원칙을 발견한 듯 의기양양하기도 한다.

하지만 결과적으로 항상 마이너스다. 향수와 같은 종목들은 그 종목에 돈을 투입한 투자자들에게 천당과 지옥을 수차례 안겨준다. 주식시장에서 어떤 종목은 뉴스로 상승하기도 하고, 어떤 종목은 수급에 의해 상승하기도 하며, 어떤 종목은 실적에 의해 상승하기도 한다. 또는 '상한가까지 갔는데 한 번에 끝나겠어'라는 안이한 생각으로 매수하기도 한다.

그래서 각종 매체에서는 재료 매매, 수급 매매, 실적주 매매, 상한가 매매 등 셀 수 없이 많은 주식 매매 방식으로 개인투자자들을 유혹한다.

하지만 묻고 싶다.

이런 방식으로 안정적인 수익을 얻고 있는가?

아니면 잔고가 바닥을 보이고 있는가?

주가가 조금만 출렁이면 그제야 인터넷 게시판을 뒤적거리면서 매수를 하게 된 합리적 근거를 찾기 시작한다. 투자자 자신만을 위한 매매를 한 후, 주가가 상승하지 못하면 그때서야 자기 정당화를 위한 근거를 찾기 위해 분주하다. 아직도 이런 매매 패턴을 버리지 못한 투자자라면 자신에게 정직하게 물어보기를 바란다.

"어떻게 하면 회복 불가능한 손실로 인한 심리적 고통을 최소화할 수 있을까?"

"어떻게 하면 지속적으로 수익을 창출할 가능성을 최대한으로 끌어올릴 수 있을까?"

"어떻게 하면 수많은 경험을 바탕으로 좀 더 인내심을 갖고, 감정을 스스로 통제할 수 있을까?"

시장은 누구나 훌륭한 성과를 내도록 그냥 내버려두지 않는다. 그렇기 때문에 더 많은 실전 경험과 지혜가 필요하다. 만약 약간의 전문지식과 짧은 그저 그런 지적 능력을 가지고 주식시장에 진입을 시도하려 한다면, 여러분의 계좌는 더 악화될 것이다.

확고한 원칙이 없으면 현명한 판단을 내리기가 쉽지 않다. 투자자들은 자신의 투자 상태를 돌아보고 점검할 시간을 스스로에게 주는 자기 검증을 거쳐야 한다.

아무리 조심스런 매매를 위해 주의를 기울인다고 해도 주식의 가격은 시시때때로 하락한다. 어떤 투자자도 그 위험으로부터 완전히 벗어날 수는 없다. 하지만 위험을 관리할 수 있는 능력, 그리고 주가 하락에 대한 두려움을 통제하는 능력을 자신의 것으로 만들 수는 있다.

그런 공부가 되어야, 최소한 투자자에게 자기 통제력이 가장 필요한 바로 그 시점에, 훈련된 통제력이 빛을 발휘할 수 있는 것이다.

"투자 정보지나 기업체 임원이 아니라
쇼핑몰과 가족들에게서
대박주를 찾아라.
'이 멋진 걸 누가 만들었을까?'라고
자주 질문을 던져라."

• 피터 린치 •

PART 3

중국 가치투자 어드바이스

예측보다 대응이 중요하다

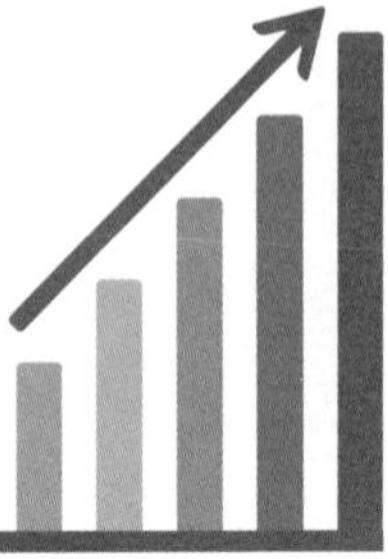

대다수의 투자자들은 주가가 언제 오를 것인지 언제 내릴 것인지 예측하는 행동을 한다. 그리고 예측한 대로 주가가 움직여 주지 않으면 손실을 확정지어 버린다. 이러한 손절의 대부분은 기업 실적이 악화되었거나, 강력한 악재가 있어서라기보다는 단지 예상했던 대로 주가가 움직여주지 않아서 보유 종목을 던지는 경우가 많다.

일반투자자들은 어느 정도 인지도가 있는 전문가들의 의견을 주로 참고한다. 문제는 그 전문가들의 예측도 맞는 경우보다 틀리는 경우가 훨씬 많다는 것이다. 필자도 여러 전문가들의 견해를 참고한다. 하지만 전문가들의 공통적인 특징은 자신감이 넘치고, 본인의 주장이 확실하다는 듯이 강력하게 주장한다는 것이다.

많은 개인투자자들이 그러한 의견을 참고하여 본인의 투자에 적용하는 것을 보게 된다. 그리고 전문가들의 주장이 어김없이 틀리는 경우도 자주 보게 되고, 그럴 때마다 적당한 이유와 함께 견해를 조금 변경한다.

이런 이야기를 하는 이유는 그들을 사기꾼 취급하라는 말이 절대 아니다. 필자도 자신만의 의견을 공유하는 분들께는 늘 감사하게 생각한다. 하지만 틀리는 경우가 적지 않기 때문에 어떤 특정 전문가의 주장을 맹신해서는 절대 안 된다. 늘 어떤 현상을 두고 상반되는 의견을 어느 한 곳에 치우치지 않고 들여다보려는 노력이 필요하다.

필자가 참고하는 상반된 견해를 가진 두 명의 전문가가 있다. 개인적으로 둘 다 분석력이 뛰어나다고 생각한다. 하지만 정반대의 의견을 주장하고 있는 것을 보면서 한편으로는 흥미롭기도 하다.

이런 상황에서 개인투자자는 어떻게 해야 될까?

둘 중에 더 마음이 끌리는 전문가의 의견을 따르면 될까?

전문가를 의견이 한두 번은 맞을 수 있다. 하지만 매번 다양한 의견이 나오면서, 예측과 반대로 시장이 움직이면 공든 탑이 무너지는 경험을 할 수도 있다.

두 의견은 참고 정도만 하고 세워 놓은 원칙 대로 전략을 실행해나가야 한다. 낙관론이 확실해 보이더라도 과도한 투자는 자제하고, 비관론이 확실해 보이더라도 원칙을 넘어서는 방어적 대응을 해서는 안 된다. 시장 분위기가 호전되었다는 것이 인식될 때는 이미 주도주들이 상당한 반등을 한 이후일 것이다. 우려감에 너무 보수적으로 대응하면 바닥에서의 반등 기회를 놓치게 된다.

실제로 시장의 엄청난 과열이나 글로벌 경제위기와 같은 우려스러운 사건들이 발생할 가능성이 포착된다면, 최대한 보수적으로 대응해야 할 것이다. 하지만 이러한 우려스러운 사건에 대한 예측은 어떤 전문가들의 의견을 참고하기보다는 실제 경제지표를 스스로 들여다보면서 현재 경제 상황을 짚어보길 권해드린다. 이러한 점검에 제약이 있다면, 이러한 지표들을 냉철하게 들여다보는 전문가들의 의견을 위주로 경제 상황을 해석할 필요가 있다.

기관투자자와 개인투자자의 매매 패턴이 정반대로 움직이는 모습을 종종 볼 수 있다. 이러한 개인투자자들의 패턴에 동조하기보다는 근거를 갖고 시장 분위기에 역행할 수 있는 냉철한 분석과 안목이 필요하다.

자신만의 원칙으로 대응해야 한다. 필자의 경우, 크게 두 가지의 대응 전략이 있다. 하나는 지수가 60일선을 하향 돌파하면 인버스ETF를 보유하는 것이다. 그리고 60일선을 상향 돌파하면 인버스ETF를 매도한다. 이러한 행위는 시장 상황이 좋은지 나쁜지 고려하지 않고, 기계적으로 한다.

물론 60일선을 하향 돌파했다가 며칠 만에 다시 상향 돌파할 수도 있다. 그럼 매수했던 인버스ETF를 다시 매도한다. 박스권 장에서는 오히려 독이 될 수 있다. 하지만 큰 폭의 하락을 사전에 어느 정도 막을 수 있다는 것이 큰 장점이다.

상해종합지수를 예로 들어보자. 다음의 차트는 상해종합지수 캔들 차트에 60일 이동평균선만 추가한 것이다. 기간은 2005년 1월부터

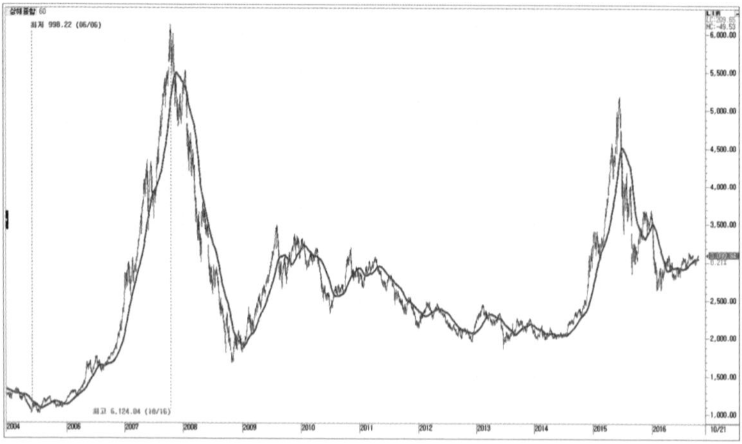

2016년 10월까지 약 12년이며, 주가와 60일 이평선 간의 크로스는 12년 간 약 60회 발생하였다. 1년 평균 5회 발생한 것이다. 2005년부터 이런 원칙을 실제 투자에 적용했다면, 2008년 폭락과 2015년 폭락을 어느 정도는 커버할 수 있었을 것이다.

매수, 매도를 기준에 따라 기계적으로 하지만, 인버스ETF의 투자 비중에 대해서는 명확하게 정해 놓은 기준은 없다. 비중은 전체 포트폴리오의 20~50% 정도로 투자하며, 비중은 상황에 맞게 조절한다.

두 번째 대응 전략은 주가와 보조지표 간에 다이버전스 시그널이 나타나면 대응을 하는 것이다. 이는 지수와 개별 종목에 모두 적용한다.

개인적으로 보조지표는 주봉차트의 스토케스틱5,3,3 or 10,6,6을 주로 참고한다. 주식투자를 하다보면 간혹 현재 주가가 어느 위치에 있을까

궁금해질 때가 있다. 이때 살피는 것이 스토케스틱이다. 스토케스틱은 현재의 주가가 일정기간 동안의 주가 변동 폭 중 어디에 위치하는지를 백분율로 나타낸 지표다.

이 지표는 상승 추세에서 매일의 종가가 주가 움직임고가와 저가의 고점 근처에서 형성되고, 하락 추세에서는 저점 근처에서 끝나는 경향이 있다는 사실에 기초하고 있다. 이 지표를 활용하는 목적은 매일의 종가가 최근 일정기간의 고가와 저가 범위 내의 어느 곳에 위치하는 가를 관찰함으로써 시장의 강약을 파악하기 위해서다.

다이버전스 시그널은 상승 시 고점과 하락 시 저점을 잡아내는 데에 아주 유용한 도구다. 여기서 말하는 다이버전스 시그널은 주가와 보조지표의 추세가 상반되는 움직임을 보이는 것을 의미한다. 주가의 추세 강도가 약해지면 보조지표의 추세가 먼저 돌아서는 경우가 많다. 이런 경우, 다이버전스 시그널을 통해 주가 추세의 변곡점을 예측해볼 수 있다. 주의할 사항은 기술적 분석은 투자 시 가장 마지막에 참고삼아 점검하는 용도 정도로 활용할 것을 당부한다.

필자는 중장기적 관점에서 주봉차트의 다이버전스 시그널이 포착되면 일단 보수적으로 접근한다. 이 부분에 대해서는 뒤에서 자세히 소개한다.

적절히 분산투자하라

분산투자를 하는 주된 이유는 '개별 종목의 리스크'를 최소화하기 위함이다. 해외 주식은 개별 종목에 대한 정보를 파악하는 것이 힘들기 때문에 더욱이 한 종목의 비중이 커지는 것을 삼가야 한다. 절대적인 기준은 아니지만, 한 종목에 15%를 초과하여 투자하는 것은 그 회사가 얼마나 전망이 밝은지와 상관없이 피해야 한다.

필자는 포트폴리오의 적정 종목 수를 다음의 표와 같이 세 가지로 분류한다.

보수적 투자는 포트폴리오 종목을 약 15개로 제시하였는데, 서로 연관이 없는 종목들이라면 개인투자자 입장에서 관리가 쉽지 않을 것이다.

예를 들어 자동차 업종을 유망하게 보고 있다고 하자. 그렇다고 해도 업종 1위 한 곳에 투자하는 것이 아니라, 1~2위 두 종목 또는 1~3위

투자 성향	보유 종목	설명
공격적	5종목	개별 종목에 대한 분석을 철저하게 하며, 지속적으로 개별 종목에 대한 관심을 가진다.
중립적	10종목	하향식 필터링으로 선별한 종목들로 구성하며, 틈틈이 실적과 밸류에이션을 점검한다.
보수적	15종목	종목 리스크를 최소화하기 위해 최대한 분산한다. 선별한 유망 업종의 상위 2~3종목에 분산하여, 개별 종목 위험을 최소화한다.

세 종목에 나눠서 투자를 한다는 의미다. 1등에 투자하든 1~3등에 분산투자하든 해당 업종을 관리하는 데 투입되는 노력은 거의 동일하다. 하지만 상위 종목에 분산투자함으로써 개별 종목의 예기치 못한 악재에 대한 위험을 최소화할 수 있다.

종목을 구성할 때, 또 하나 고려해야 될 것이 '성장주'와 '가치주'의 비율을 정하는 것이다. '성장주와 가치주는 어떻게 구분할 수 있을까?'

필자는 간단하게 아래와 같이 구분한다.

가치주	과거에도 꾸준히 실적이 좋았으며, 앞으로도 안정적으로 꾸준히 성장할 것이라고 전망하는 기업.
성장주	과거에는 실적이 부진하지만, 미래 성장성이 유망하여 폭발적인 성장 가능성이 있는 기업.

안정성을 추구한다면 가치주의 비중을 키워야 되고, 기대 수익률을 높이려면 성장주의 비중을 높이면 된다. 필자는 안정적으로 중국에 장기투자하기 위해 가치주 70% & 성장주 30%의 비율이 적당하다고 생각한다. 보수적 성향으로 15종목 정도로 분산한다면, 가치주 10종목 & 성장주 5종목 정도가 될 것이다.

가치주를 70% 이상 보유하는 이유가 안정성을 추구하기 위함도 있지만, 인버스ETF를 통한 헤지의 효용성을 높이기 위함도 있다. 성장주는 가치주에 비해 상대적으로 변동성이 크며, 종합지수의 흐름과 연관성이 많이 떨어진다. 그래서 포트폴리오에서 성장주의 비중이 크면 약세장에서의 인버스ETF투자의 효용성이 떨어질 수 있다.

예를 들어 좋은 가치주로 포트폴리오를 구성하면 강세장에서는 지수 대비 아웃퍼포먼스를 보이고, 약세장에서도 지수보다 덜 빠질 것이라고 예상한다. 그래서 실질적으로 포트폴리오의 하락을 인버스ETF가 대부분 커버할 수 있다.

하지만 변동성이 강한 성장주의 비중이 클 경우, 약세장에서 지수보다 훨씬 큰 폭으로 하락할 가능성도 있다. 또한 시장과의 연관성이 떨어지기 때문에, 전반적인 강세장에서도 보유한 개별 종목들이 동반 상승을 못하는 상황이 발생할 수도 있다. 이렇게 되면 대응 전략을 적절하게 펼칠 수가 없게 된다.

언제
팔아야 되는가?

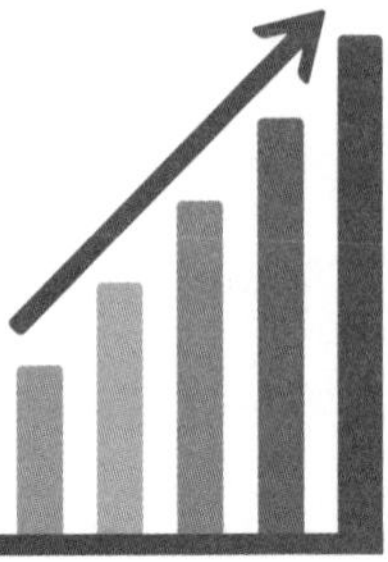

"매수는 기술이고, 매도는 예술이다."라는 말이 있다. 싸게 사는 것도 중요하지만, 적절한 시점에 매도하는 것이 훨씬 더 중요하다는 것을 의미한다. 필자의 저서 《지금 중국 주식 천만 원이면 10년 후 강남 아파트를 산다》 〈기본편〉을 읽어본 독자들 중에는 이렇게 반문할 분들이 있을 것 같다.

"사서 묻어두라면서? 투자는 장기로 하는 거라면서?"

보유한 주식을 계속 유지해나가기 위해서는 해당 기업의 경영이나 실적이 지속적으로 양호한지, 속해 있는 분야의 업황에는 어려움이 없는지를 끊임없이 관찰해야 한다. 그리고 더 나은 수익을 얻기 위해서는 과열과 침체 시기를 파악하여 비중 조절을 통한 관리를 더해주면 된다.

현재 해당 종목의 주가가 비싼지 싼지는 기본적 분석을 통한 가치평가와 기술적 분석을 통해 가늠해볼 수 있다. 《모닝스타 성공투자 5원칙》에서 언급된 가치투자를 위한 기본기들이 마음에 와 닿는다.

"이론적으로는 주식을 영원히 보유하는 것이 좋다. 하지만 현실적으로 몇 십 년 동안 쭉 주식을 투자할 만큼 가치 있는 회사는 거의 없다. 게다가 이런 회사들만을 골라서 살 수 있을 만큼 현명한 투자자도 거의 없다. 주식을 팔아야 할 적절한 시기를 아는 것은 사야 할 시기를 아는 것만큼 중요하다. 하지만 대부분 투자자들은 훌륭한 주식은 너무 빨리 파는 반면, 손해볼 주식은 너무 오래 끌어안고 있는 편이다."

스스로 세운 기준이 없는 투자자는 주가가 너무 떨어지면 더 떨어질 것 같은 공포심에 던져 버리고, 주가가 치솟아 오르면 조정받기 전에 매도하여 약간의 수익을 챙긴다. 하지만 이러한 행위를 반복하면 손실은 많이 나고, 이익은 조금 나면서 자금의 전체 규모는 서서히 줄어들게 될 것이다.

그럼 주식은 왜? 언제? 어떻게? 팔아야 될까?

《모닝스타 성공투자 5원칙》에서 이야기하는 '팔아야 할 때' 다섯 가지는 아래와 같다.

1. 투자 결정에 실수가 있었는가?
2. 회사의 펀더멘털이 악화되었는가?
3. 주가가 내재가치를 훨씬 웃돌고 있는가?

4. 다른 데서 더 나은 수익을 올릴 수 있는가?

5. 한 종목에 돈을 너무 많이 집어넣었는가?

1. 투자 결정에 실수가 있었는가?

당연한 이야기다. 본인은 정말 가치투자를 지향하고, 장기로 묻어두고 싶다. 하지만 투자한 이후에 해당 기업의 가치가 예상했던 것보다 너무 형편없다는 것을 알게 되었다면, 실수를 인정하고 포트폴리오를 조정할 필요가 있다.

기업의 장래 성장 가능성이나 현재 적정 주가를 너무 높게 평가하여 투자한 경우, 해당 기업에 대한 재평가를 통해 투자 지속 여부를 판단해야 할 것이다.

2. 회사의 펀더멘털이 악화되었는가?

1번 항목과 유사한 내용이다. 투자 결정을 할 당시에는 좋은 회사였고, 투자 판단에 실수가 없었다고 하자. 하지만 투자 이후에 중장기적인 펀더멘털이 급격하게 악화된다면?

해당 종목의 비중을 줄이든, 기술적으로 적절한 시점에 매도하든, 리스크에 대해 방어할 수 있는 조치를 취해야 한다.

3. 주가가 내재가치를 훨씬 웃돌고 있는가?

어떤 종목을 분석하여, 적절한 가격에 매수했다고 하자. 그 이후 주가가 예상과 달리 너무 급등한다면?

본래의 가치로 조정받을 가능성이 크기 때문에 주가가 내재가치를 훨씬 웃도는 수준까지 상승한다면, 비중을 좀 줄여서 포트폴리오 내에 상대적으로 저평가되어 있는 종목으로 리밸런싱하는 것이 안정적으로 투자하는 데에 효과적이라고 할 수 있다.

4. 다른 데서 더 나은 수익을 올릴 수 있는가?

투자 자산의 60%를 주식에 투자하기로 계획했다고 하자. 이미 주식으로 60%의 비중을 다 채우고 더 이상 투자할 여유가 없다. 그런데 보유한 종목들보다 훨씬 더 매력적인 종목을 뒤늦게 발견하게 되었다면?

이런 경우가 발생했을 때, 보유하고 있는 종목보다 정말 더 매력적인 종목인지를 꼼꼼히 분석해봐야 된다.

5. 한 종목에 돈을 너무 많이 집어넣었는가?

앞서 적절한 분산을 통해 개별 종목의 리스크에 대한 위험을 최소화할 것을 강조했다. 투자자들 중에서 흔히들 하는 실수가 떨어지는 종목에 무작정 물타기를 하는 것이다.

좋은 종목의 주가가 떨어지면서 저평가된다면 매수단가를 낮출 수 있는 좋은 기회지만, 떨어지는 이유가 충분한 종목은 리스크 관리 차원에서 비중을 축소해야지 역으로 물타기를 해서는 안 된다. 떨어지는 종목에 계속 물타기를 해서 손실이 커지면 전체 포트폴리오에 악영향을 미칠 수 있다.

《모닝스타 성공투자 5원칙》에서는 "투자 비중이 10~15%를 넘기는 주식이 있다면, 그 회사의 전망이 얼마나 밝은지에 상관없이 가지치기를 고심해봐야 한다."라고 말한다. 특히 떨어지는 종목에 물타기를 해서 해당 종목이 포트폴리오에서 차지하는 비중이 커지는 것은 조심해야 한다.

시장의 잡음에 흔들리지 마라

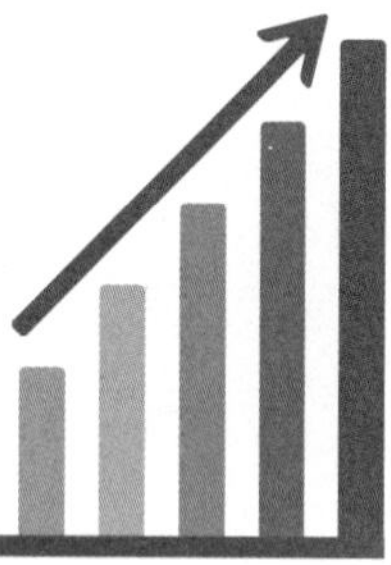

아래 두 기사는 미국의 대표 투자은행인 골드만삭스와 JP모건의 '중국인민재산보험02328.HK'에 대한 투자 의견이다. 비슷한 시기에 정반대의 의견을 제시하고 있다.

〈생명보험주에 대한 긍정적 관점 유지 - JP모건〉

JP모건은 생명보험주에 대한 긍정적인 관점을 유지한다고 밝혔다. JP모건은 보고서에서 "중국 생명보험주의 주가가 지난 3개월간 20% 상승해 항셍지수를 아웃퍼폼(특정 주식의 상승률이 시장 평균보다 더 클 것이라고 예측하기 때문에 해당 주식을 매입하라는 의견)했다."며 "상반기 신계약가치 호조와 안정적인 거시 환경 등 때문이다."라고 분석했다.

증권사는 "계속해서 생명보험주의 전망을 밝게 보고, 재산보험의 보험 사이클을 좋지 않게 본다."며 중국평안보험(02318.HK)과 중국인수보험(02628.HK)에 '비중 확대'를 추천했고, 중국인민재산보험에 '비중 축소' 의견을 제시했다.

JP모건은 "중국인수보험의 3분기 순이익이 낮은 기저 효과에 힘입어 전년 동기비 198% 증가한 70억 위안을 기록할 것이다."라고 예상했고, "중국평안보험의 3분기 순이익은 전년 동기 대비 20% 증가한 160억 위안을 기록할 것이다."라고 전망했다.

발간일 : 2016.10.11
출처 : 아스닥

〈중국인민재산보험, 수익성 견고 '적극 매수' - 골드만삭스〉

골드만삭스는 중국인민재산보험에 대해 "수익성이 견고하다."며 '적극 매수' 의견과 목표가 18.1HKD를 제시했다.

골드만삭스는 보고서에서 "동사가 올해 6월 23일에 인보건강과 증자 협의를 체결한 이후, 주가가 동종 업계 H주를 28%p 하회했다."며 "비록 해당 거래가 동사 재무에 미치는 영향은 미미하지만 시장에서는 기업지배구조 문제에 집중하고 있다."고 설명했다.

증권사는 "하지만 해당 우려가 동사 주가에 지나치게 반영됐다."며 "저금리 환경에서 동사의 수익성이 견고하다고 믿는다."고 밝혔다.

골드만삭스는 "동사가 재산 보험사업에서 경쟁력이 있고 홍콩에 상장된 보험사 중 가장 높은 ROE를 기록하고 있다."며 '적극 매수' 의견을 제시했다.

발간일 : 2016.10.13
출처 : 아스닥

'중국인민재산보험'에 투자하고 있는 투자자라면, JP모건의 '비중 축소' 의견에 불안한 마음이 들었을 수 있다. 그런데 이틀 뒤에 골드만삭스에서는 '적극 매수' 의견을 제시하였다. 이러한 정보에 예민한 투자자라면 며칠 사이에 불안함과 안도함을 느꼈을 것이다.

이러한 기사들에 일희일비하기보다는 해당 업종과 투자하는 기업을 전망하는 본인의 안목을 믿고 나아가는 것이 중요하다. 그리고 투자하는 종목의 실제 가치를 대변하는 실적과 주가 점검을 통해 가치를 평가하고, 투자 판단을 하는 것이 중요하다.

종목뿐만 아니라 중국 경제의 거시적인 전망에 대해서도 늘 낙관론과 비관론이 팽배하다.

중국에 투자하고 있기 때문에 지나치게 중국 경제를 낙관하는 시각은 경계해야 되지만, 너무 비관적으로 보는 의견에 동조되어 겁을 먹을 필요는 없다. 중국을 낙관적으로 보기 때문에 중국에 투자하는 것이지만, 언제든 미래에 일어날 충격에 대응할 준비를 하며 점검하는 자세가 필요하다.

올바른 안목을 갖기 위해서는 가공되지 않은 실제 데이터를 분석하기 위해 노력해야 하며, 이러한 데이터 분석이 제한적이라면 여러 전문가들의 의견을 참고하되, 한쪽으로 치우친 정보만을 따라가는 것을 삼가야 한다.

PER 밴드를 통한 투자 매력도를 점검하라

투자자들이 가장 많이 활용하는 밸류에이션 비율은 PER이다. PER은 Price Earning Ratio의 약자로 주가를 EPS주당순이익로 나눈 값이다. 주가를 기준으로 식을 변경하면, '주가 = PER × EPS'가 된다. EPS는 당기순이익을 총 주식 수로 나눈 값으로, 실적이 그대로 반영되는 값이다. 주가를 결정하는 또 하나의 요소인 PER과 최신 EPS의 곱으로 주가는 결정된다.

적정 PER은 어떻게 구해야 될까?

적정 PER을 구하기에 앞서, PER이 낮으면 무조건 좋은 것일까?

반대로 PER이 높으면 무조건 안 좋은 것일까?

PER이 높다는 것은 그만큼 해당 기업에 대한 투자자들의 기대치가 높다는 것이다. 이러한 기대치가 부합하는 실적이 이어진다면 높은

PER을 유지하며 주가는 상승을 이어가게 된다. 결론은 PER이 높다고 해서 무조건 안 좋은 것은 아니라는 것이다.

PER이 낮아서 좋을 수도 있고, 높아도 좋을 수 있다면 PER은 어떻게 활용해야 되는 것일까?

PER과 같이 'R'로 끝나는 비율Ratio 지표는 좋고, 나쁨의 절대적인 기준이 없다. 상대적 비교에 활용하는 값이다.

첫째로 동일한 업종 간의 종목을 비교할 때 PER을 사용한다. PER이 동일하게 10배여도 IT 업종에서는 저평가된 것으로 볼 수 있지만, 제조업에서는 고평가된 것으로 간주할 수 있다. 이처럼 똑같은 기준을 다른 업종 간 종목을 비교하는 데 적용하는 것은 무리가 있지만, 동종 업종 간 비교를 할 때에는 효과적이다.

둘째는 투자하고자 하는 종목의 과거 주가 흐름과 PER의 추이를 점검해보는 것이다. 분기별로 발표되는 EPS에 PER 멀티플을 적용하여 만들어지는 차트를 'PER 밴드'라고 부른다. 보통 분기별로 발표되는 실적을 반영하면서 멀티플 라인들은 계단식 모양을 보인다. 이러한 멀티플 라인들을 주가의 추이와 겹쳐 놓으면 시기별로 PER의 추이를 한눈에 들여다볼 수 있다.

다음의 차트는 중국인민재산보험의 약 5년간의 PER 밴드다. 멀티플 라인의 계단식 상승을 보면, 2014년과 2015년에 실적이 확연히 좋아졌음을 알 수 있다.

5년간의 주가 추이를 보면, PER 6.4배에서 13.6배 사이에서 등락하였다. 외부적 영향에 의한 주가 조정도 있지만, 어쨌든 동사의 밸류에이션이 PER 6.4배일 때 투자자들은 가장 싸다고 느꼈고, PER이 13.6배일 때 비싸다고 느낀 것으로 해석할 수 있다. 현재는 7.1배로 양호한 실적에 비해 주가는 많이 저평가되었음을 알 수 있다.

PER이 역대 최저치라고 해서 무조건 바닥인 것은 아니다. 하지만 투자자들이 동사의 주가를 싸다고 느끼는 가격대로 볼 수 있으며, 투자의 매력도가 높다고 해석할 수 있다.

PER 밴드의 장점은 '저PER 종목'이든 '고PER 종목'이든, 투자자들이 해당 종목을 싸다고 생각하는지 비싸다고 생각하는지 파악을 할 수 있다는 것이다. 물론 이 지표 하나로만 밸류에이션을 평가하는 것은 무리가 있지만, 아주 매력적인 분석 도구임에는 틀림없다.

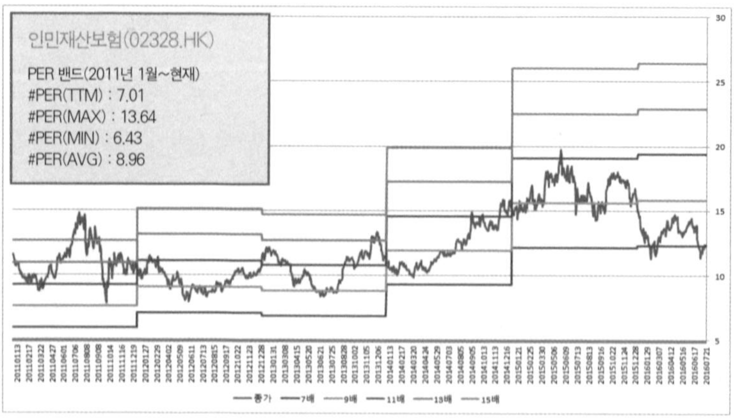

중국 투자에 기술적 분석을 더하라

투자를 위한 분석에는 크게 기본적 분석과 기술적 분석이 있다. 기술적 분석을 통해 기업의 적정 가치를 구해도 주가는 다른 방향으로 움직일 수 있다. 하지만 가치평가를 통해 해당 기업이 고평가되어 있는지 저평가되어 있는지를 판단할 수 있는 기준을 세울 수 있다.

기술적 분석 즉, 차트 분석 또한 단기적인 흐름까지 완벽하게 예측하는 것은 불가능에 가깝다. 하지만 역사적인 주가 흐름의 기술적 분석을 통해 현재 주가가 과열되었는지 침체되었는지를 판가름할 수 있다.

앞서 언급했듯이 많은 개인투자자들은 이러한 분석을 무시하고 시중에 떠도는 정보만을 이용해서 투자한다. 시장에서 호재가 돌고 있더라도 차트 상 강력한 매물 압력이나 상단의 추세 저항선에 위치해 있다면 주의해야 한다.

반대로 시장에 악재가 돌고 있더라도 차트 상 하단에 강력한 지지 매물대가 형성되어 있거나 역사적 추세의 하단에 위치해 있다면, 이미 악재가 모두 반영된 기회의 시점일 수도 있다.

그렇기 때문에 기술적 분석을 너무 맹신해서 투자해서도 안 되지만, 유용하게 활용할 수 있는 최소한의 기술적 분석은 익히고 투자에 활용할 것을 권해드린다.

'금융위기도 아닌데 무서울 정도로 급등과 급락을 연출하는 중국 증시에서 기술적 분석이 의미가 있을까?'라는 의문이 들 수 있다. 단기간을 놓고 보면 정말 어디로 튈지 모르는 럭비공 같은 것이 주식이지만, 한 발짝 물러나서 장기적인 관점에서 놓고 보면 추세를 발견할 수도 있고 규칙적인 패턴을 확인할 수도 있다.

주가는 해당 종목에 투자하고 있는 시장 참여자들에 의해 정해진다. 아파트를 예로 들어보자.

분양가가 5억 원인 아파트가 있다. 이 아파트의 적정 가격은 분양권을 소유한 사람이 팔고자 하는 가격과 분양권에 프리미엄을 더하여 사고자 하는 사람에 의해 결정된다. 팔고자 하는 사람이 6억 원에 팔고 싶어도 그 가격에 사려는 사람이 없으면 이는 적정 가격이 아닐뿐더러 당연히 거래도 이뤄지지 않는다. 매수자와 매도자가 생각하는 가격대가 맞을 때 비로소 거래가 이뤄지며, 이 가격이 적정 가격으로 형성된다.

부동산이든 주식이든 매수세가 매도세에 비해 상대적으로 강하면 가격은 올라가고, 반대의 경우는 가격이 떨어진다. 이러한 흐름의 추이를 주식시장은 차트를 통해 실시간으로 확인할 수 있다.

활용할 수 있는 지표는 무수히 많지만 필자는 그중에서 가장 기본이 되면서 활용도가 높은 '추세 분석', '매물대 분석', '주가와 보조지표의 다이버전스 시그널'에 대해 뒷부분에서 상세히 소개한다.

기술적 분석의 장점은 매매 타이밍을 알려준다는 것이다. 단점은 타이밍을 너무 자주 알려준다는 것이다. 차트를 들여다보면 들여다볼수록 시야가 좁아지는 것을 경험하게 된다.

차트 분석은 장기간의 관점에서 분석할수록 효용성이 높아진다. 단기간 나타나는 무수히 많은 신호의 잡음을 무시하면서, 중장기적으로 의미 있는 시그널을 볼 수 있는 안목을 기르는 것이 중요하다.

거시적 추세를 점검하라

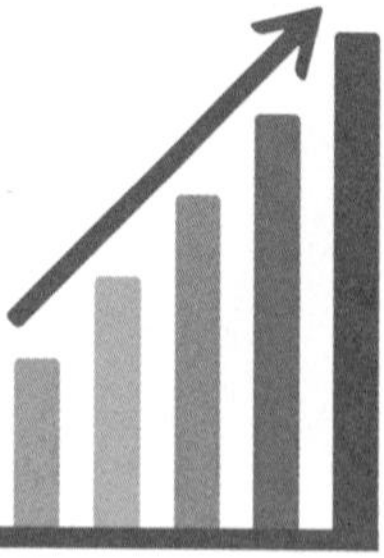

주가는 결국 기업의 가치에 회기하지만, 그 여정이 험난하다. 이러한 주가의 움직임에 대한 투자자들의 예측은 맞는 경우보다 틀리는 경우가 더 많은 것 같다. 주가의 변화는 과거 변화와 관계없이 독립적으로 움직인다고 하여 '랜덤워크 가설'이 제시되기도 하였다.

하지만 단기적으로 아무런 규칙 없이 움직이는 것처럼 보이는 주가도 장기적으로 보면 어느 정도의 추세가 만들어지는 것을 발견할 수 있다. 대상에 따라서 추세가 명확하게 나타나는 것도 있고, 그렇지 않은 것도 있다.

또한 추세의 등락 폭이 좁은 경우도 있고, 반대로 등락 폭이 큰 경우도 있다. 장기적 흐름의 추세를 파악한다면 예측이 어려운 단기 등락에 연연하지 않고 장기투자하는 데에 도움이 될 것이다.

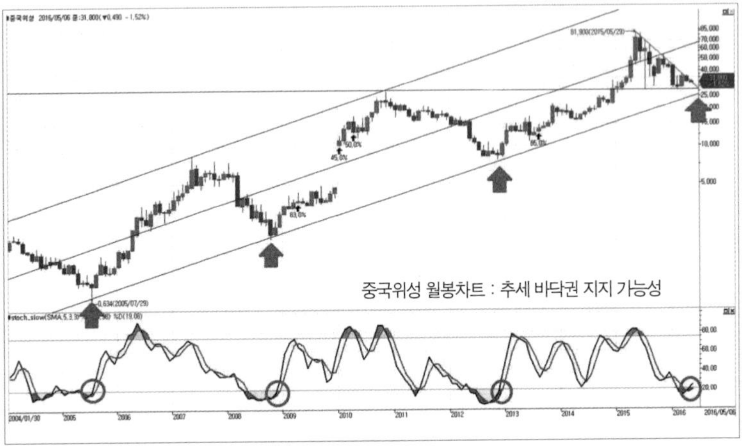

위 차트의 종목은 〈중국위성600118.SH〉의 10년 이상 장기 차트다. 2006년 상승을 시작으로 세 번의 상승과 세 번의 하락이 있었다. 마지막 상승은 추세 상단에 도달하지 못하고 하락세로 접어들었다. 개별 종목의 움직임은 대외적인 영향과 종합지수의 영향을 많이 받기 때문에 투자에 영향을 주는 여러 가지 요소를 고려해야 한다.

하지만 추세가 이어진 기간이 길어질수록 추세 하단의 지지와 추세 상단의 저항에 대한 신뢰도는 높아진다.

이러한 장기 추세를 점검할 때에 주의해야 할 사항이 몇 가지 있다.

첫째, 수정 주가를 이용해야 한다. 권리락, 액면분할 등으로 주가가 급격하게 낮아지는 경우가 발생한다. 국내 주식의 경우 각 증권사 HTS에서 기본적으로 수정 주가를 제공하지만, 해외 주식의 경우 수정 주가가

수정 주가 반영 전	수정 주가 반영 후

텐센트 홀딩스(00700.HK)

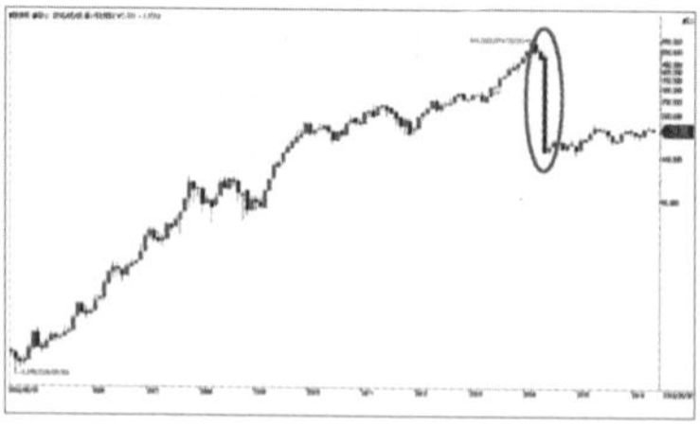

중국평안보험(601318.SH)

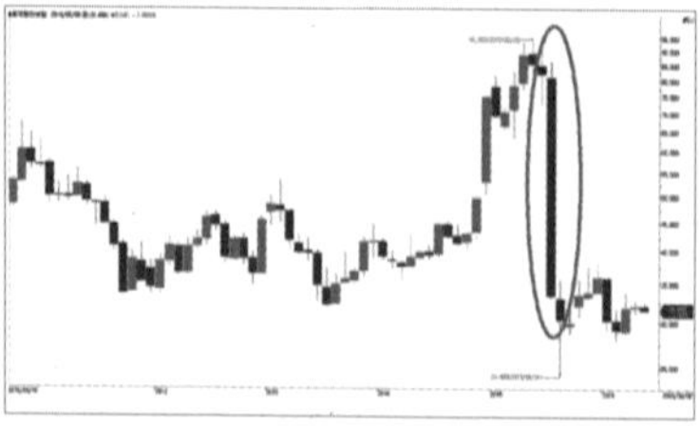

장성자동차(601633.SH)

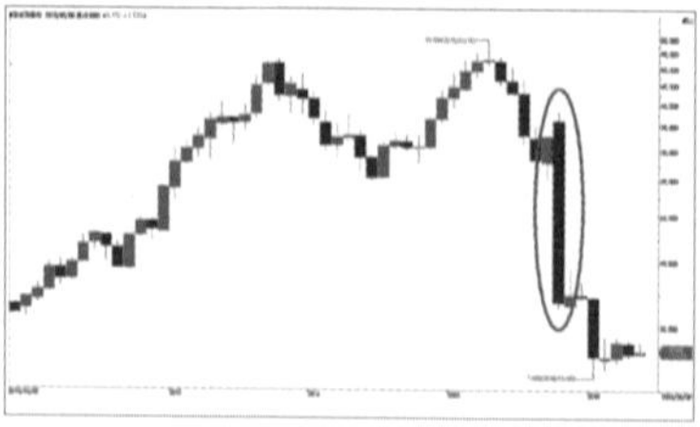

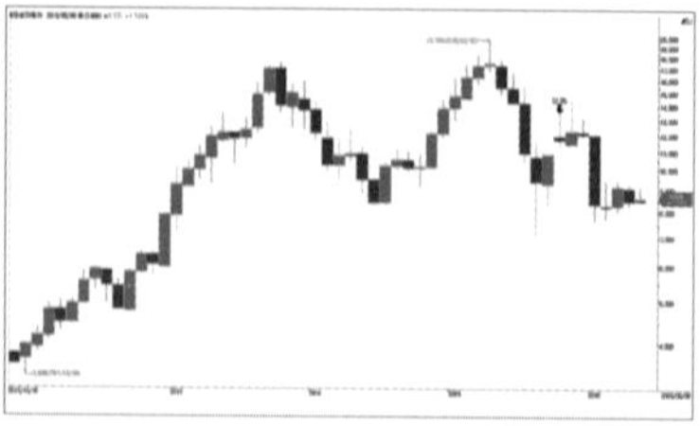

융기실리콘자재(601212.SH)

반영되지 않은 차트를 기본으로 제공한다. 참고로 증권사마다 차이가 있지만, 중국 주식 차트에 대해 수정 주가를 제공하지 않는 곳도 있다.

앞의 표는 수정 주가 반영 전과 후의 모습을 비교해 놓은 것이다. 수정 주가가 반영되지 않은 차트에서는 기술적인 분석이 더 이상 불가능하다는 것을 한눈에 알 수 있다.

둘째, 로그 스케일로 분석을 해야 한다. 일반 차트와 로그 차트의 차이점은 차트의 세로축에 있다. 일반 차트는 가격을 기준으로 간격을 동일하게 나타내는 반면, 로그 차트는 수익률을 기준으로 간격을 나타낸다.

예를 들어 A 기업의 주가가 100원에서 200원으로 오른 경우와 향후에 1,000원이 된 주가가 2,000원으로 오른 경우를 생각해보자. 두 경우 모두 동일하게 주가는 100% 상승했다. 하지만 가격을 놓고 보면 전자는 100원 상승, 후자는 1,000원 상승으로 일반 차트에서는 후자가 10배 더 높게 상승한 것으로 나타난다.

투자자 입장에서는 수익률도 따지기 때문에 같은 상승률에도 불구하고, 가격 단위가 높아서 더 높게 상승한 것으로 보이는 차트를 통한 분석은 맞지가 않다.

로그 차트는 이러한 괴리감을 없애준다. 상승률에 따라 간격을 조정해 놓았기 때문에 장기적 추세 분석을 함에 있어서 유리하다. 단기간에는 주가에 큰 변동이 없기 때문에 로그 차트 활용에 큰 의미가 없다. 적어도 1년 이상의 중장기적 흐름을 살펴볼 때는 로그 스케일을 활용하는 것이 유용하다.

아래 표는 〈중국위성〉 장기 차트의 일반 스케일과 로그 스케일을 비교한 것이다. 일반 차트의 경우 오래전 주가의 흐름을 미미하게 나타나

중국위성 월봉차트 일반 스케일

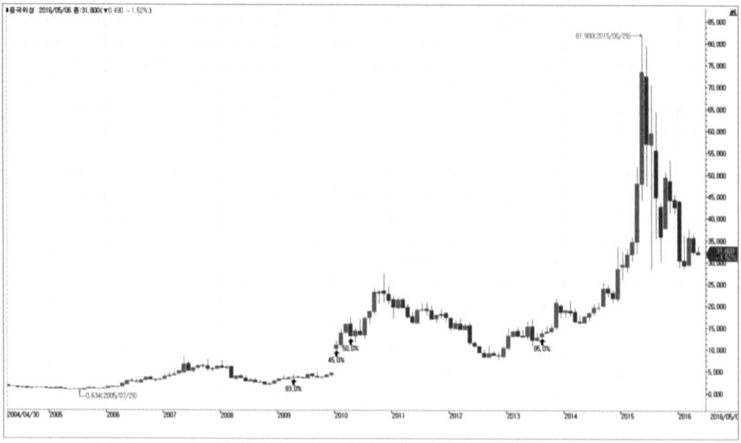

중국위성 월봉차트 로그 스케일

며, 최근의 상승과 하락은 과도하게 표현되어 있다. 하지만 실제 상승률을 나타내는 로그 차트를 보면 오래전부터 추세를 이루며 등락을 이어왔음을 알 수 있다. 증권사 HTS에서는 기본적으로 일반스케일을 지원하며, 로그 스케일로 전환 기능을 지원하고 있다.

국내 주식은 기본적으로 수정 주가를 반영한 차트를 지원하고, 중국 주식은 기본적으로 수정 주가가 반영되지 않은 차트를 지원한다. 그렇기 때문에 권리락 이후에 차트가 깨져서 보이는 것에 불편함을 느꼈던 투자자들도 있을 것이다. 그리고 많은 개인투자자들이 '로그 스케일'에 대해 잘 모르고 있을 것이라고 생각한다.

이 두 가지를 주의하여 차트를 들여다본다면 장기적인 추세를 분석하는 데에 많은 도움이 될 것이다.

매물대 분석으로 심리를 읽어라

차트를 통한 주가의 흐름을 분석함에 있어서 추가적으로 활용할 수 있는 도구TOOL와 보조지표들은 수없이 많다. 필자가 유용하게 사용하는 도구 중 하나가 바로 '매물대 차트'다. 매물대는 정해 놓은 구간 내에서 가격별 매매 비율을 의미한다. 매매가 많이 일어난 구간, 즉 매물대가 긴 가격대는 의미 있는 구간으로 작용한다.

강한 매물대가 현재 주가보다 상단에 위치해 있다면 주가 상승 시, 저항 역할을 하게 된다. 매물대가 길다는 것은 해당 가격대에서 매매가 많이 일어났다는 것이고, 현재 주가가 그 아래에 있다는 것은 해당 가격대에 매수한 투자자들은 전부 손실을 보고 있다는 것이다.

그렇기 때문에 주가가 매물대 부근까지 반등하면, 손실로 고생하던 투자자들이 본전에 매물을 던져 버리는 상황이 발생한다. 이것이 주가가 매물대 부근에서 저항을 받는 결과를 초래하는 것이다.

하지만 시장 분위기에 따라 많이 좌우된다. 시장의 전반적인 흐름이 상승세이면 매물 저항을 한 번에도 돌파할 수 있고, 시장 흐름이 좋지 않다면 지속적으로 매물 저항에서 주가가 하락세로 돌아설 수 있다.

이 말의 의미는 차트의 지표보다 그 시점에서 경제와 기업의 현황이 더 중요하다는 것이다. 매수세가 이어질 것 같은 모습을 하고 있지만, 외부적인 충격으로 급격하게 매도세가 늘어나면 지표는 후행하며 이를 반영하게 될 것이다. 그렇기 때문에 참고를 하되, 차트 분석이 우선시되는 투자는 삼가야 된다고 다시 한 번 당부한다.

반대로 강한 매물대가 현재 주가보다 하단에 위치해 있다면 주가 하락 시, 지지 역할을 하게 된다. 현재 주가보다 싸게 매수한 물량이 많이

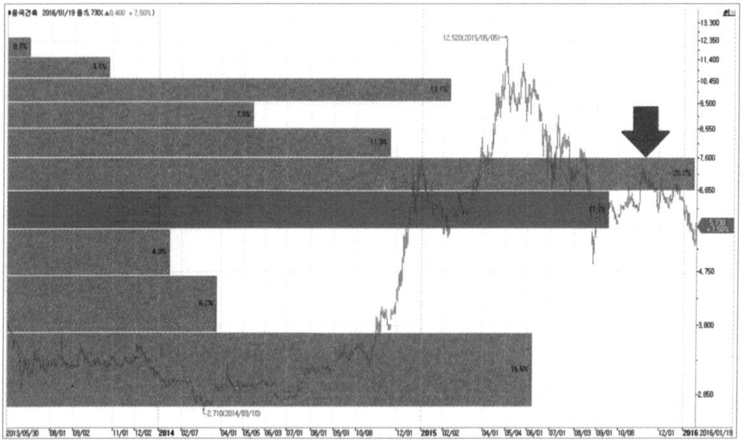

몰려 있는 가격대까지 주가가 하락하면 매도하고자 하는 물량이 줄어들면서 매도세보다 매수세가 많아지면서 반등하게 된다. 이것이 주가가 매물대 부근에서 지지를 받는 결과를 초래하는 것이다.

주의할 점은 그림에 나타나는 매물대의 비율은 기간을 어떻게 잡느냐에 따라 변하기 때문에 구간 설정이 중요하다. 투자자들마다 참고하려는 기간과 해석이 모두 다르기 때문에, 구간을 설정하는 데에 정답은 없다. 원하는 구간에서의 매물대 비율과 그에 따른 지지와 저항 역할을 하는 가격대를 찾는 연습을 꾸준히 하면서 자신만의 매물대 분석 방식을 정해 놓으면 좋다.

차트와 보조지표들은 모두 후행성이다. 분석하는 기간을 짧게 잡을수록 각 지표를 통한 매매 시그널은 더 많이 발생하게 될 뿐만 아니라

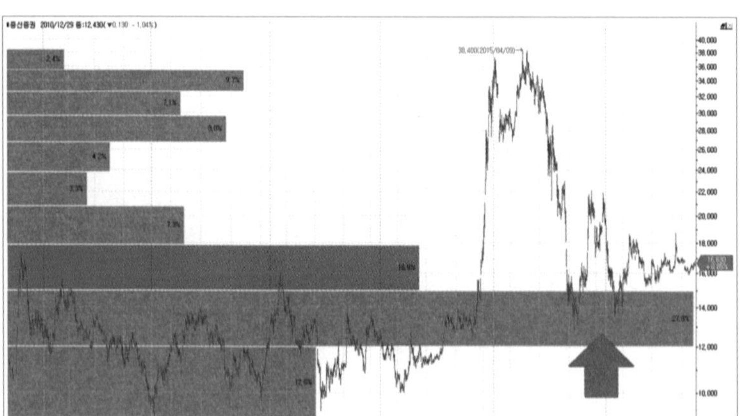

신뢰도가 점점 떨어진다.

그렇기 때문에 기술적 분석은 늘 거시적 관점에서 시작하여 좁혀 들어가는 식으로 진행된다. 매물대 분석도 마찬가지로 분석 기간을 길게 잡을수록 매물대에 대한 신뢰도가 높아진다. 수천 명이 매수한 구간과 수십만 명이 매수한 구간 중 지지와 저항의 힘이 강한 곳은 당연히 후자일 것이다.

주가가 상승 중이고 상단에 강력한 저항 매물대가 있으면 매수를 보류하거나, 기존 보유자는 수익을 실현하거나 비중을 줄이는 대응을 하는 데에 참고할 수 있다. 반대로 주가가 하락 중이고 하단에 강력한 지지 매물대가 있다면 반등을 확인 후 매수하거나, 기존 보유자는 해당 구간에서의 반등 여부에 따라 적절한 대응을 할 수 있다.

마지막으로 강력한 매물대를 돌파하는 경우를 생각해보자. 상단의 저항 매물대를 돌파한 경우는 투자 주체가 해당 가격대에서 본전 심리에 의해 매도하려는 투자자에서 새로운 상승을 기대하고 매수하려는 투자자로의 손 바뀜이 일어나면서, 매물대 상향 돌파 이후 지속적인 상승세를 기대할 수 있다.

하단의 지지 매물대를 하락 돌파하는 경우는 그 반대다. 즉 반등을 기대하며 보유하려는 투자자보다 추가 하락을 예상하여 매도하는 투자자가 더 많은 경우다. 이때는 매물대 하향 돌파 이후 하락세가 이어질 수 있다.

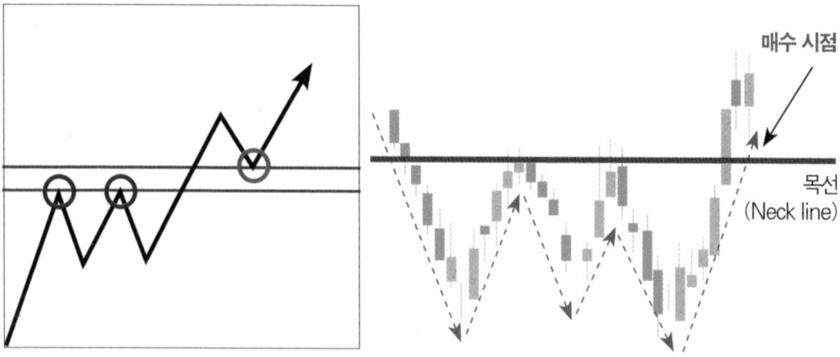

저항 매물대를 돌파 이후 지지 역할

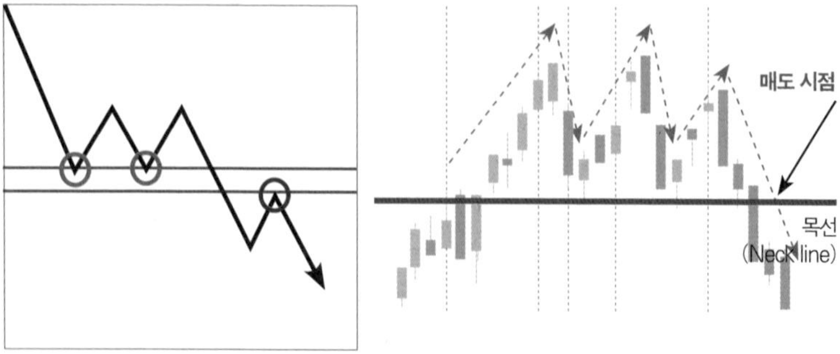

지지 매물대 돌파 이후 저항 역할

매물대는 돌파하기 전까지는 각각 저항과 지지의 역할을 하지만, 돌파한 이후에는 저항 매물은 지지 매물로, 지지 매물은 저항 매물로 바뀐다는 것을 투자에 참고하기 바란다.

참고로 본문 매물대 분석을 중국 종목에 적용하는 예시로 앞에서 나온 중신증권 차트의 매물대에 대해 추가로 덧붙이고자 한다. 2010년 하락 이후, 5년간 주가는 등락을 하면서 매물대가 쌓여 왔다. 후강퉁 시행 이후 해당 구간을 강력하게 돌파하면서, 이 강력한 저항 구간은 강력한 지지 구간으로 바뀌었다. 2015년에 시작된 하락이 이 매물 구간에서 지지되고 있는 것을 확인할 수 있다.

주가와 보조지표의 다이버전스에 주목하라

차트의 보조지표는 많은 투자자들에게 익숙한 MACD, RSI, 스토캐스틱 등등 수백 가지에 이른다. 대부분 보조지표들의 공통적인 단점은 시그널이 자주 발생하며, 시그널이 발생한다고 해서 주가가 꼭 상승하거나 하락하는 것은 아니라는 점이다.

'보조지표'는 말 그대로 차트 분석을 보조하는 역할이기 때문에 본인에게 맞는 몇 가지 보조지표를 선택하여 참고하는 데에 활용하면 될 것 같다. 주가와 보조지표의 흐름이 반대로 움직이는 경우를 의미하는 '다이버전스'는 강력한 시그널로 작용한다.

다이버전스 설명에 앞서 다이버전스에 활용할 MACD에 대해 간략하게 소개를 한다. MACD는 'Moving Average Convergence Divergence'의 약자로, '이동평균선의 수렴과 확산'을 의미한다. 그림에서 의미하는 $MACD_{12,26,9}$는 12일과 26일 이동평균선의 차이를 MACD 곡선으로 그리고 9일이라는 값은 시그널 곡선에 활용된 일수를 의미한다.

: **MACD 계산법**

- **MACD 곡선** = 단기 이동평균 - 장기 이동평균
- **시그널 곡선** = n일의 MACD 이동평균

주가 등락의 세기에 따라 MACD 곡선과 시그널 곡선의 폭이 넓어지기도 하고, 좁혀지기도 하면서 매매 시그널을 만들어낸다.

다이버전스 시그널은 MACD 곡선과 시그널 곡선의 크로스 시그널보다 더 장기간에 만들어지며 활용도가 더 높다.

2015년의 상해종합지수 차트를 보자. 세 개의 다이버전스 시그널을 표시해두었다. 1번의 경우, 지수는 4,500pt에서 5,100pt로 상승했지만 MACD 곡선의 고점은 소폭 낮아지는 것을 볼 수 있다. MACD 곡선이 이러한 다이버전스 시그널을 보이면서 시그널 곡선과 데드크로스를 만든 이후 증시는 크게 하락했다.

2번의 경우, 3,370pt까지 하락한 지수가 반등하는가 싶더니 2,850pt까지 추가 하락이 발생하였다. 이 기간 동안 MACD 곡선의 저점이 높

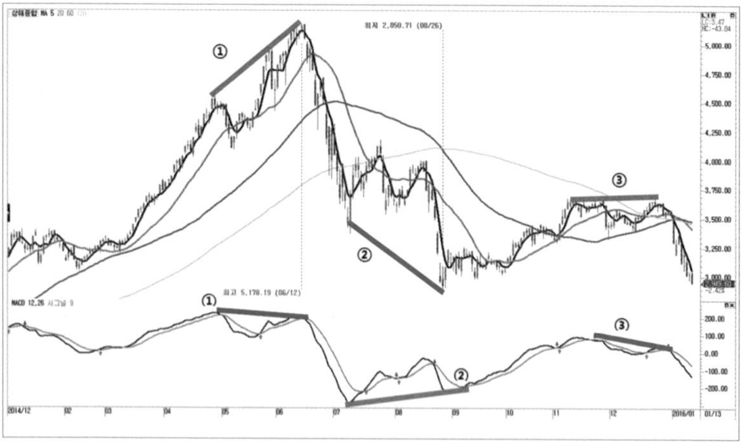

아지는 것이 뚜렷하게 나타난다. 그 이후 2,850pt에서 3,630pt까지 상승을 이어갔다.

마지막으로 3번의 경우, 고점이 전 고점과 비슷한 위치에서 만들어졌지만 MACD 곡선의 고점은 눈에 띄게 낮아지면서 해당 고점이 상승의 마지막임을 알렸다.

종합지수의 움직임과 포트폴리오의 개별 종목의 움직임이 다를 수 있기 때문에 종목들을 일일이 대응하기는 쉽지 않다. 그래서 필자는 종합지수의 하락에 대비하여 인버스ETF를 적절한 비중으로 보유할 것을 권한다. 그래야 포트폴리오의 종목들을 그대로 보유하면서 발 빠르게 시장 하락에 대응할 수 있다. 또한 인버스ETF로 시장의 하락을 어느 정도 커버하면서 개별 종목에 대한 대응을 검토해나가면, 매매에 따른

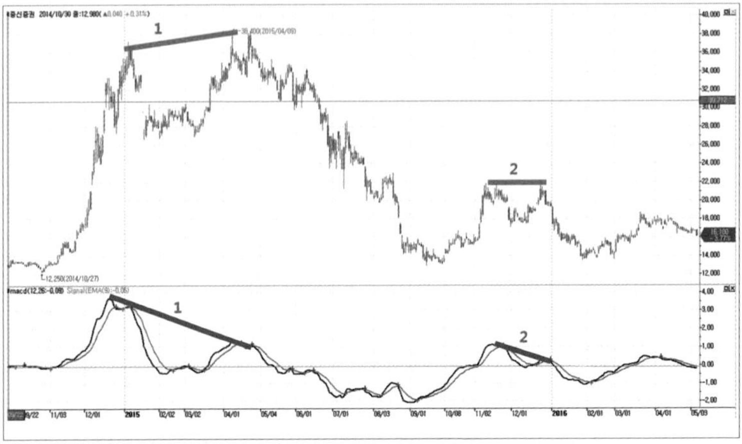

손실도 많이 줄일 수 있을 뿐더러 시간적인 여유를 가질 수 있다.

개별 종목의 다이버전스 시그널 예로 중신증권 차트를 보자.

1번의 경우, 주가가 강하게 반등하면서 전 고점을 돌파하였다. 하지만 MACD 곡선의 고점이 급격하게 낮아지면서 강력한 매도 시그널이 나타났다. 그 이후 38.4위안의 주가는 12.84위안까지 약 65%의 하락하였다.

2번의 경우, 전 고점까지 반등을 하는 동안 MACD곡선의 고점은 눈에 띄게 낮아지면서 또다시 하락세를 이어갔다.

지나고 보면 시그널이 뚜렷하다. 하지만 매번 이런 기회를 잡는 것은 쉽지 않다. 가장 큰 이유는 대부분의 투자자들이 차트를 자주 들여다보는 것이 제한적이고, 타이밍을 놓쳐서 단기 반등을 노리다가 하락 폭을 키워가기 때문이다.

다이버전스 시그널은 고점과 저점을 잡아내는 데 매우 유용하다. 특히 마지막 고점을 알려주는 시그널로 유용하다. 본인이 투자하고 있는 종목이 중장기적으로 연일 신고가를 갱신하고 있다면, 다이버전스를 염두에 두고 흐름을 지켜보자. 앞으로 닥쳐올 큰 하락을 어느 정도 대비하는 데 도움이 될 것이다.

자신만의 매매 방법을 찾아라

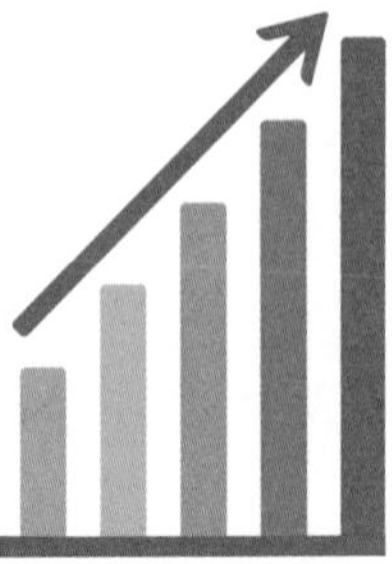

사람은 생각과 행동, 사물에 대한 인식, 의식과 감정의 표현 등이 저마다 다르다. 부모에게 부여받은 천성, 자신도 모르게 습득된 습관, 각자의 스타일이 모두 다르기 때문이다. 그렇다면 주식시장에서의 투자자 모습은 어떨까?

앙드레 코스톨라니는 투자자 유형을 '부화뇌동형 투자자'와 '소신파 투자자'로 분류했다. 《투자는 심리게임이다》라는 저서에서 달걀의 모형을 통해 투자시장의 장기 변동을 강세장과 약세장으로 구분했다. 이를 또 조정국면, 적응국면, 과장국면으로 분류한다.

총 여섯 가지 부분으로 나누어진 각 국면에서 전체의 $\frac{1}{3}$은 대중과 같은 방향으로 움직이고, 나머지 $\frac{2}{3}$는 대중과 반대 방향으로 움직일 것을 권하고 있다.

또한《돈 뜨겁게 사랑하고 차갑게 다루어라》에서는 매도자 '곰'과 매수자 '황소'에 대한 배경을 설명하고 있는데, 그 내용은 아래와 같다.

주식시장의 동향을 내리막으로 판단하여 하락세를 타려는 사람을 '곰'이라고 부른다. 곰은 아직 가지고 있지 않으며 나중에 입수하게 될 물건이나 유가증권을 오늘의 시세에 맞춰 팔아넘긴다. 또한 내일이 되면 오늘보다 시세가 떨어질 것이라고 여기고 물건이나 유가증권을 구입하지 않고 기다린다.

곰의 반대편에는 매수자인 '황소(Bull)'가 있다. 매수자는 힘으로 밀어붙이는 황소처럼 앞으로 돌진하며 자신의 길을 막고 있는 것은 무엇이든 두 뿔로 내동댕이친다. 월가의 로비에서 주식시장이 열리기 전에 분위기를 탐색하던 중에 누군가가 "이봐, 나는 오늘 황소야."라고 말한다면 상승세를 타겠다는 의미로 받아들인다.

황소와 곰은 전 세계의 모든 주식시장에서 격렬하게 대립하며 거칠게 싸운다. 싸움이 점차 격렬해지면 황소는 곰을 때려눕히려 하고 곰은 강한 앞발로 황소의 숨통을 완전히 끊어 놓으려 호시탐탐 기회를 노린다.

위에서 언급한 '곰'과 '황소'는 소신파 투자자에 속한다. 소신파 투자자들은 충분한 자본과 정신적 강인함, 그리고 주식투자에 대한 뚜렷한 주관을 가지고 행동한다.

그렇다면 부화뇌동형 투자자들은 어떻게 표현할 수 있을까? 많지 않은 자본으로 투자의 세계에 뛰어든 투자자들, 그리고 정신력은 부족하고 투자에 대한 뚜렷한 주관도 없는 투자자들이다.

그 유형을 보면 다음과 같다.

1. 아침에는 "곰이야!" 말했지만, 장 마감 후에는 황소가 되어 있는 유형.
2. 자신은 황소라고 큰소리쳤지만, 매매에서는 곰이 되어 있는 유형.
3. 시장이 곰의 손아귀에서 움직이는데 본인만 황소가 되려는 유형.
4. 곰들의 매도세가 강한 데도 기다리지 못하고 황소가 되려는 유형.

증권시장에서 어떤 사람들이 '소신파 투자자'처럼 행동할 때, 또 다른 사람들은 '부화뇌동형 투자자'처럼 행동한다. 사람은 내면에 두 가지 유형의 잠재력을 모두 가지고 있다.

그중 어떤 유형을 취하느냐 하는 문제는 전적으로 그 투자자의 의지에 달려 있다.

PART 4

중국 가치투자 유망 업종 및 수혜주

중국의 성장 업종에 투자하라

"왜 지금 중국 주식에 투자해야 될까?"라는 질문에 대한 해답은 선진국들이 앞서 겪은 경험을 통해 얻을 수 있다. 중국의 경제도 앞서간 국가들의 전철을 비슷하게 밟아가고 있기 때문이다.

세상이 빠르게 변하고 새로운 것들이 생겨나지만, 신흥국이 선진국으로 발전하면서 겪게 될 큰 흐름은 대부분의 국가들과 마찬가지로 크게 다르지 않을 것이다.

안정적으로 장기투자를 하기 위해서는 성장주보다 가치주의 비중이 커야 된다. 성장주에 비해 상대적으로 가치주의 기대 수익률은 낮지만, 장기적으로 봤을 때 당장의 높은 수익보다 안정성이 성공 투자에서 더 중요한 요소이기 때문이다.

선진국에 비해 낙후되어 있는 산업에 투자의 기회가 있다. 세계 어느 나라이든 인간의 욕구는 똑같다. 국가의 경제가 발전하여 소득 수준이 올라갈수록 많은 욕구들이 솟아오른다. 내 집을 마련하고 싶고, 내 차를 소유하고 싶고, 더 좋은 음식을 먹고 싶고, 더 좋은 옷을 입고 싶은 것이 사람의 마음이다. 과거에는 먹고살기에 급급했다면 이제는 즐기며 살고 싶어 한다.

이러한 소비 수요를 선진국들의 평균 정도로만 계산을 해봐도 우리로서는 상상도 할 수 없는 수치가 나온다.

이번 장에서는 발전 가능성이 높은 중국의 유망산업에 대해 큰 흐름을 짚고 넘어가는 차원에서 간단하게 소개하고자 한다.

주로 선진국들과의 수치 비교 및 예측 수요 점검을 통해, 해당 산업이 얼마나 매력적인지를 점검해보았다. 그리고 업종별 시가총액 상위 수혜주를 정리했다.

돈은 '머리'로 버는 것이 아니라 '코'로 버는 것이라고 한다. 똑똑한 사람이 머리를 아무리 굴려도, 돈 냄새 잘 맡는 사람에게 상대가 안 된다는 것이다. 운명의 종목?을 만나기 위해서는 돈 냄새를 잘 맡을 수 있는 코도 필요하지만 그와 함께 운도 따라줘야 된다. 거기에 포트폴리오를 장기간 끌고 갈 수 있는 능력까지 더해지면 투자에서 큰 성과를 거둘 수 있을 것이다.

같은 종목을 가지고 누군가는 털어 버리고, 누군가는 조정을 견뎌내며 보유할 것이다. 결국 아무리 좋은 기업이라고 해도 해당 종목에 투자해서 얼마만큼의 수익을 거둘 수 있느냐는 본인의 몫이다. 종목을 보는 안목과 분석할 수 있는 능력을 기르기 위해 노력해야 한다.

이번 장의 내용이 전문적이거나 깊이 있게 자세히 다룬 내용은 아니지만, 독자 여러분이 넓은 시야를 가지고 투자의 안목을 기르는 데에 도움이 되길 바란다.

업종 #1, **증권**

2015년 중국 증시는 폭발적인 유동성을 보이며, 대부분의 증권사들이 전년 대비 100% 정도 매출 증가율을 보였다. 하지만 2016년에는 시장이 침체되면서 실적이 큰 폭으로 감소했다.

하지만 조금 더 멀리 보면 중국의 증권주는 여전히 매력적이다. 2015년과 같은 유동성을 단기간에 기대하기는 어렵겠지만, 장기적으로 꾸준한 성장이 가능한 업종 중 하나가 증권업이다.

성숙해지고 있는 중국의 주식시장

2015년 당시 중국 증시의 거래대금 기준으로 투자자 구성 중 개인이 차지하는 비중이 80~90%에 육박했다. 당연히 개인들에 의해 시장은 좌지우지되었으며, 한 방향으로 쏠리는 개인투자자들의 투자 심리에 의해 주가는 과도한 급등과 급락을 연출했다.

하지만 이러한 중국 증시도 서서히 성숙해질 전망이다. 이제껏 중국 본토 증시는 기관과 외국인의 투자가 극히 제한적이었다. 선진국의 증시를 보면 기관의 주식투자 비중 확대 및 해외 증시 개방을 통해 주식시장이 성숙해지고 규모가 빠르게 커진 것을 알 수 있다. 중국도 주식시장의 성장을 위해 해외 개방을 서두르며, 기관들의 주식투자 비중을 늘리고 있다.

중국 본토의 MSCI-EM지수 편입

MSCIMorgan Stanley Capital International지수는 유럽의 FTSE지수와 함께 글로벌 벤치마크지수의 양대 산맥 중 하나로 글로벌 기관투자자들의 주요 기준이 된다.

MSCI지수는 세부적으로 다양한 지수를 제공하고 있으며, 중국 본토 증시와 관련하여 이슈가 되고 있는 지표는 신흥국지수를 의미하는 MSCI-EM지수다. 현재 해당 지수에 홍콩거래소에 상장된 기업들이 편입되어 있지만, 본토에 상장된 기업은 편입되어 있지 않다. 2014년, 2015년, 2016년 세 차례 편입을 시도했지만 ① 상장사의 빈번한 거래

중단, ② 수익 소유권 문제, ③ 자본유출입 규제 등의 문제로 매번 실패했다.

현재 MSCI 신흥국지수에서 중국의 비중은 18.9%이다. 중국 본토 증시가 초기에 5% 편입될 경우, 중국 전체의 비중은 19.9%로 늘어날 전망이다. 향후 100% 편입이 되면 27.7%까지 비중이 늘어날 것으로 보인다.

결국 중국 본토 증시는 MSCI-EM지수에 편입될 것이라 보고 있으며, 편입 이후 비중에 부합하는 글로벌 펀드의 자금이 유입되면서 증시에 긍정적인 부분으로 작용할 전망이다.

선강퉁 시행을 통한 심천거래소 개방

중국은 상해와 심천에 두 개의 거래소가 있다. 후강퉁을 통해 상해거래소가 외국인 개인투자자들에게 개방되었으며, 연말에 선강퉁을 통해 심천거래소가 개방될 예정이다.

후강퉁 시행 당시 상해거래소 개방 한도는 3,000억 위안으로 전체 시장 규모의 약 2%에 불과했다. 게다가 개방 이후 2% 한도가 다 소진된 적이 없다. 후강퉁 제도에 따른 해외 자금 유입이 본토 증시에 영향을 미쳤다기보다는 해외 증시 개방이라는 상징적인 의미가 더 크다.

이번 선강퉁의 실시와 함께 눈에 띄는 항목이 있다. 바로 선강퉁을 시행하면서 후강퉁의 투자 한도가 폐지될 계획이라는 것이다. 물론 한도가 모두 소진한 적이 없지만, 한도를 폐지한다는 것 또한 해외 증시 개방을 위한 의미 있는 조치라 할 수 있다.

뿐만 아니라 적격해외 기관투자자QFII 자격을 획득한 해외 기관투자자의 경우, 투자 한도의 최대 20%를 현금으로 보유하고 있어야 된다는 규정이 있었다. 하지만 중국 증권감독 당국이 이 규정 또한 폐지하면서 해외 기관투자자들의 투자가 좀 더 자유로워졌다.

주식시장의 안정적 성장을 바라는 중국 정부

중국 정부는 국민들이 주식시장에서 투기로 손실 보는 것을 원하지 않는다. 올바른 투자로 부를 증식하며, 늘어난 자산이 소비로 이어지는 선순환을 원한다. 성공적인 투자를 위해서 어느 정도의 중장기투자는 필수다. 개인투자자들의 올바른 주식투자를 위해, 중국 정부는 주식의 장기 보유에 대한 세금 혜택과 함께 기업들에게 배당 성향을 높일 것을 촉구하고 있다.

중국의 주식시장은 경제 규모 대비 그 규모가 작은 편이다. 미국과 비교를 해보면 미국의 GDP는 18.45조 달러, 중국은 11.72조 달러다. 중국의 경제 규모는 미국 대비 63.5%이다. 반면 증시의 규모는 미국이 22.51조 달러, 중국이 5.74조 달러로 중국 증시 규모는 미국 대비

24.5%에 불과하다.

미국과 중국의 금융산업 발달 정도를 감안하더라도 중국 증시의 성장 가능성은 높아 보인다. 시장 규모 확대는 증권업의 수익성과 직결되기 때문에 장기적인 전망은 밝아 보인다.

증권 업종 수혜주

거래소	종목코드	종목명	주가	PER	시가총액	상장주식
상해	600030	중신증권	16.95	16.8	27.8조원	98.4억주
심천	002736	국신증권	17.13	19.7	23.5조원	82.0억주
상해	601211	국태군안	18.00	14.0	22.9조원	76.3억주
상해	600837	해통증권	16.17	19.7	21.8조원	80.9억주
상해	601688	화태증권	19.68	21.9	17.9조원	54.4억주
상해	600999	초상증권	18.01	17.8	17.5조원	58.1억주
심천	000776	광발증권	17.59	15.0	17.4조원	59.2억주
상해	600958	동방증권	16.14	34.3	14.0조원	51.9억주
심천	002673	서부증권	24.61	66.5	11.5조원	28.0억주
상해	601788	광대증권	16.95	15.4	11.0조원	39.1억주
상해	601901	방정증권	7.58	19.4	10.4조원	82.3억주
심천	000783	장강증권	10.97	23.8	10.1조원	55.3억주
상해	601198	동흥증권	23.64	48.1	9.9조원	25.0억주
상해	601377	흥업증권	7.94	18.0	8.9조원	67.0억주
상해	601555	동오증권	14.14	26.7	7.1조원	30.0억주
상해	600369	서남증권	7.49	26.8	7.1조원	56.5억주
홍콩	06837	해통증권	13.96	14.6	7.0조원	34.1억주
심천	000728	국원증권	21.11	73.0	6.9조원	19.6억주
심천	002500	산서증권	14.07	73.0	6.7조원	28.3억주
상해	600109	국금증권	13.06	22.4	6.6조원	30.2억주
홍콩	06030	중신증권	17.36	14.71	5.8조원	22.8억주
심천	000686	동북증권	13.17	18.0	5.1조원	23.4억주
심천	000750	국해증권	7.25	21.1	5.1조원	42.2억주
홍콩	06886	화태증권	16.58	15.83	4.2조원	17.2억주
홍콩	06881	중국은하증권	7.47	9.75	4.0조원	36.9억주

2016. 10. 26. 기준 가격이다.
주가는 H주는 홍콩달러, A주는 위안화다.
시가총액 원화 환산 기준(위안화 : 167.2원, 홍콩달러 : 146.2원)
시가총액 순서 대로 나열되어 있으며, A/H 동시 상장주는 분리되어 있다.

(이하 동일)

업종 #2, 보험

흔히들 중국 주식투자는 '과거에 투자하는 것'이라는 표현을 쓴다. 경제 성장을 먼저 이루었던 선진국들의 많은 부분을, 그대로 따라가기 때문이다. 이러한 거시적 흐름을 보험 업종에도 접목시켜볼 수 있다.

개인이 가입하는 보험은 크게 생명보험과 화재보험으로 나눌 수 있다. 어느 것 할 것 없이 중국의 보험가입률은 선진국들에 비해 턱없이 낮은 수준이다.

2015년 기준 주요국 국민 1인당 연간 보험료를 비교해보면, 일본이 5,670달러로 가장 높다. 131달러인 중국보다 약 43배나 높은 수준이다. 가장 높은 일본과 비교해볼 것도 없이 한국과 비교해보자. 한국은 2,785달러로 중국보다 약 21배 보험료를 지출하는 것으로 나타났다.

중국의 보험산업이 우리나라 정도로 발달하면, 연간 보험료가 지금

주요국 국민 1인당 연간 보험료 비교

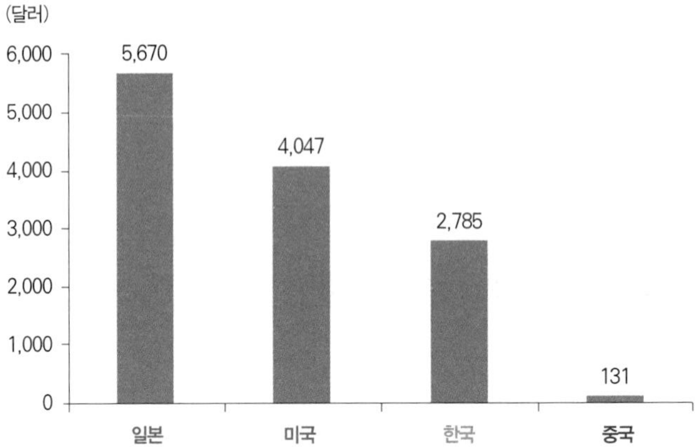

출처 : 중신증권

보다 20배 이상 많아진다는 것이다. 엄청난 성장 가능성 갖고 있는 업종이 중국의 보험 업종이다.

중국은 2000년부터 고령화사회에 진입하기 시작했다. 전 세계에서 고령화가 가장 심각한 나라 중 하나가 중국이며, 2030~2050년에 중국의 고령화는 가장 심각할 것으로 예상된다.

또한 2012년을 정점으로 생산연령 인구의 비중이 급격하게 줄어들고 있다. 그에 따른 인구 부양비는 2030년에 40%, 2050년에 60%에 이를 전망이다.

이러한 추세는 중국인들에게 보험에 대한 관심을 높여주고 있으며, 보험사들의 자금 규모와 꾸준한 수익 확대로 나타나고 있다.

중국의 연도별 인구 구조 변화와 45세 이상 인구 비중 변화 추이

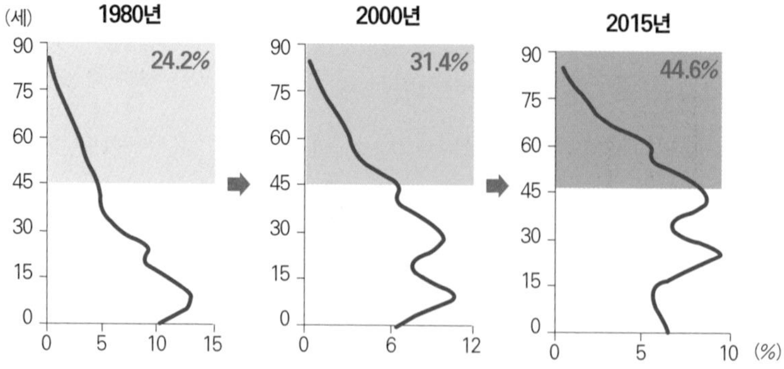

음영 안 숫자는 40세 이상 인구의 전체 인구 대비 비중

출처 : IMF, 신한금융투자

인구 천 명당 자동차 대수

국가	인구 1천 명당 대수	기준 연도
미국	786	2011
캐나다	608	2009
일본	588	2011
독일	588	2011
프랑스	582	2011
한국	370	2011
중국	69	2011

출처 : Macro Economy Meter

중국 자동차 대중화, 갈 길이 멀다

중국인들의 소득 수준이 올라가면서 자동차 대중화가 빠르게 이뤄지고 있다. 선진국의 추이를 살펴보면 인구 1,000명당 자동차 대수가 30대에서 200대로 늘어나는 시기에 가장 빠르게 자가용이 보급되었다.

중국은 최근 5년간 매년 2,000만 대 이상의 자동차가 보급되었으며, 지난 2015년에는 약 2,460만 대가 추가로 보급되었다. 하지만 여전히 중국의 자동차 수요는 엄청나다. 인구 1,000명당 200대까지 빠르게 늘어날 것을 고려하면, 전체 자동차 대수가 3억 대가 될 때까지 중국의 자동차시장은 꾸준한 성장을 유지할 것으로 보인다.

보험 업종이 증권 업종과 비교되는 부분은 소수의 기업이 과점형태를 띄고 있다는 것이다. 생명보험은 상위 5개 기업이 전체 시장의 약 63%를 차지하고 있으며, 화재보험은 상위 3개 기업이 전체 시장의 약 65%를 차지하고 있다.

증권 업종은 상위 기업들의 매출이나 실적의 규모가 비슷하여 매번 기업의 순위가 바뀌지만, 보험 업종의 상위권 기업들은 순위 변동 없이 안정적인 성장세를 꾸준히 이어가는 것을 볼 수 있다.

안정적으로 장기 성장세를 기대할 수 있는 대표적인 가치주로 보험 업종을 꼽을 수 있다. 각 기업의 특성과 실적을 점검하면서 보험 업종에 투자를 이어간다면, 중국 투자 포트폴리오의 리스크를 많이 줄여줄 유망 업종이 될 것이다.

중국 생명보험 내 시장점유율

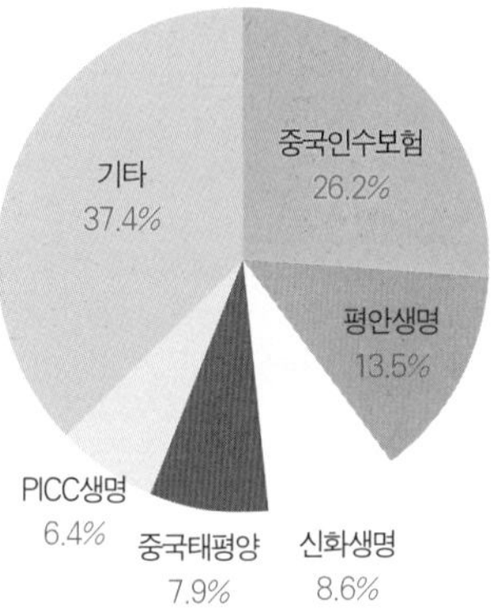

출처 : Bloomberg, 현대증권

중국 손해보험 내 시장점유율

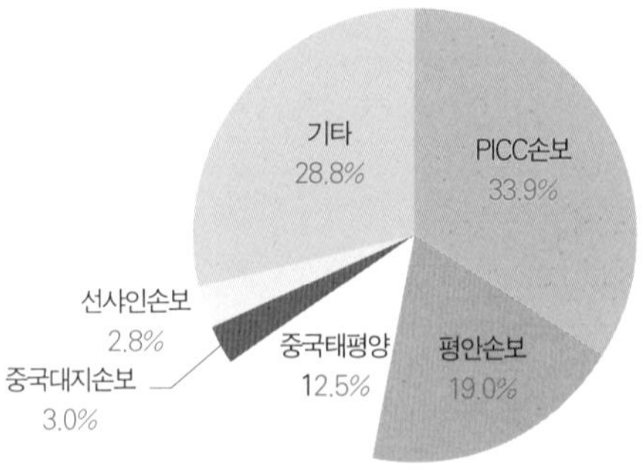

출처 : Bloomberg, 현대증권

보험 업종 수혜주

거래소	종목코드	종목명	주가	PER	시가총액	상장주식
상해	601628	중국인수보험	21.68	46.1	75.5조원	208.2억주
상해	601318	중국평안보험	34.59	10.3	62.7조원	108.3억주
홍콩	02318	중국평안보험	40.85	10.4	44.5조원	74.5억주
상해	601601	중국태평양 보험그룹	29.21	21.0	30.7조원	62.9억주
홍콩	02628	중국인수보험	20.05	36.5	21.8조원	74.4억주
상해	601336	신화보험	42.38	25.4	14.8조원	20.9억주
홍콩	02601	중국태평양 보험그룹	28.95	17.8	11.7조원	27.8억주
홍콩	02328	중국인민 재산보험	12.98	9.1	8.7조원	46.0억주
홍콩	00966	중국태평 보험홀딩스	15.64	18.7	8.2조원	35.9억주
홍콩	01336	신화보험	34.45	17.7	5.2조원	10.3억주
홍콩	01339	인민보험그룹	3.14	7.9	4.0조원	87.3억주

업종 #3, **전기차**

21세기 메가트랜드 중 하나로 '전기차의 대중화'를 꼽을 수 있다. 이는

글로벌 전기차 판매량 연평균 40% 증가 예상

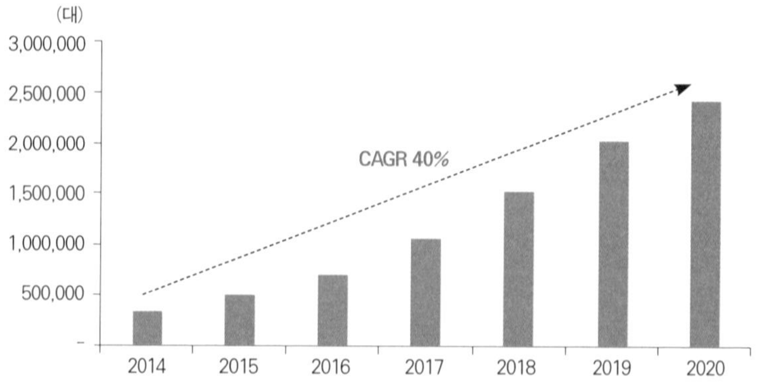

출처 : Bloomberg, 유진투자증권

전통 에너지의 고갈에서 오는 변화가 아닌, 탄소배출 감축을 위한 각국의 노력에 따른 변화라고 할 수 있다. 2014~2020년 글로벌 전기차 판매량은 연평균 40% 증가할 것으로 예상된다.

중국은 전 세계에서 탄소배출량이 가장 많은 국가이며, 배출량이 지속적으로 늘어나고 있는 추세다. 탄소배출을 줄이기 위한 조치를 미리미리 하지 않으면 나중에 훨씬 더 많은 불이익으로 돌아올 것을 중국 정부도 잘 알기에 강력한 대응책들을 쏟아내고 있다.

2020년까지 전기차의 누적 판매량 500만 대를 목표로 하고 있으며, 이를 달성하기 위해서는 2014~2020년 기간 동안 연평균 약 65%의 판매량이 증가해야 한다. 또한 2015년 11월에 발표된 '전기차 충전 인프라 발전 가이드라인2015-2020년'에 따르면 2020년까지 개인 전기차 전

2014~2020년 중국 전기차 판매량 연평균 65% 증가 예상

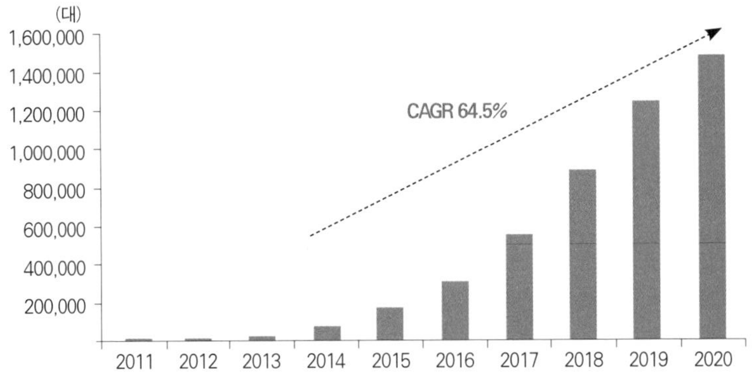

출처 : 유진투자증권

중국 전기차시장 밸류체인

업체는 상장사 중심으로 정리, M/S는 2015년 중국 전기차 판매 대수 기준

출처 : 신한금융투자

용충전소를 포함 약 480만 개 이상의 전기충전소를 건설할 계획을 갖고 있다.

중국 정부의 전기차 보급에 대한 강한 의지를 통해 전기차 업종에 대한 투자 매력을 느낄 수 있다. 전기차 업종에서 세부 유망 업종은 크게 완성차, 배터리, 소재, 충전 인프라 등이 있다.

중국의 전기차 완성차시장을 보면, BYD의 시장점유율이 33%로 독보적인 선두 위치에 있다. 하지만 이는 삼성전자와 하이닉스 등 소수의 기업이 반도체시장을 독과점하는 것과는 다르게 볼 필요가 있다. 큰 차이점은 반도체시장은 시장 진입 장벽이 높고, 전기차시장은 그렇지 않다는 것이다.

BYD의 시장점유율이 높은 것은 남들보다 먼저 시장에 뛰어들었기 때문이다. 중국 정부의 전기차에 대한 강력한 부양 의지와 지원 정책에

2016년 로컬 전기차 업체 판매목표치

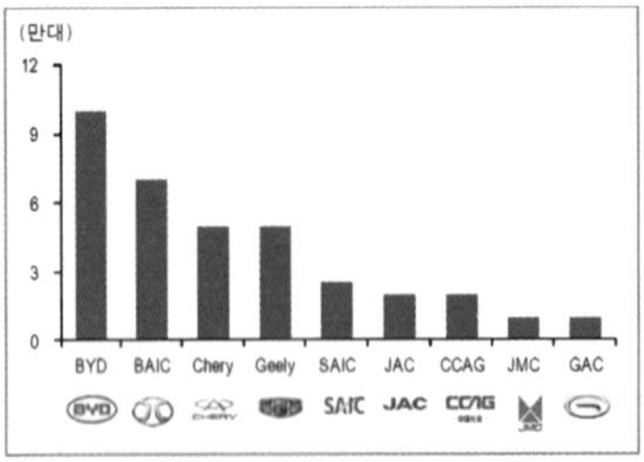

로컬 자동차 업체 전기차 신규 투자 및 증설 규모

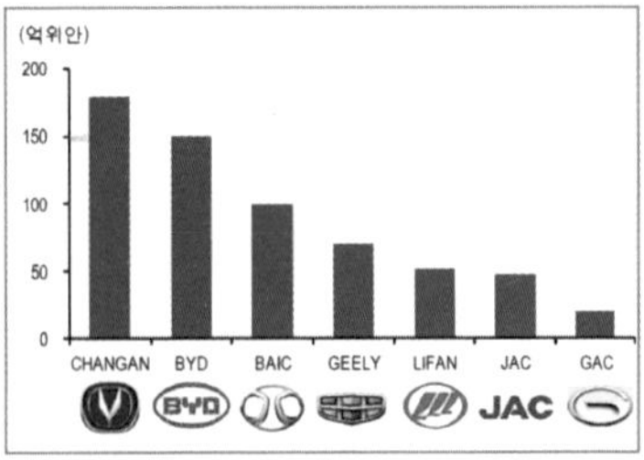

출처 : 각 회사 자료, 신한금융투자

의해 기존 자동차기업들이 빠르게 전기차시장에 진입하고 있다. 완성차 업체들의 경쟁은 불가피해 보인다.

기존 자동차 업체의 전기차시장 진입에서 발생하는 신규 증설에 따른 배터리, 소재, 충전 인프라 등의 수요 증가로 인해 중간재 업체들에 직접적인 수혜로 작용할 전망이다.

중국의 전기차시장은 엄청난 성장 가능성을 품고 있다. 당연히 경쟁은 더욱 치열해질 전망이며, 해당 기업에 투자하기 위해서는 많은 연구가 필요하다. '전기차 대중화'라는 큰 패러다임의 변화가 가져올 대박의 기회를, 이 책을 읽는 독자들은 놓치기 않기를 바란다.

일반 투자자들이 중국의 기업을 연구하는 데에 한계가 있기 때문에 증권사 리서치에서 커버하는 종목들 위주로 관심을 갖고 투자해보자. 또한 증권사 보고서를 통해 관심 종목의 현황을 점검하면 보다 수월하게 투자할 수 있을 것이다.

전기차 업종 수혜주

거래소	종목코드	종목명	주가	PER	시가총액	상장주식
상해	600104	상해자동차	23.09	8.3	42.5조원	110.3억주
심천	002594	비야디	56.68	31.5	17.2조원	18.1억주
HKS	00175	길리자동차	8.90	24.3	11.5조원	88.0억주
상해	600066	정주우통버스	22.28	12.9	8.2조원	22.1억주
상해	600111	북방희토	12.80	814.6	7.8조원	36.3억주
홍콩	01211	비야디	52.60	25.0	7.0조원	9.2억주
심천	002466	천제리튬	39.67	41.2	6.6조원	9.9억주
심천	000559	만향전조	14.97	41.4	5.7조원	22.9억주
심천	002074	국헌하이테크	35.37	34.0	5.2조원	8.8억주
심천	002249	대양전기	10.16	50.8	4.0조원	23.7억주
상해	600699	균승전자	34.73	51.8	4.0조원	6.9억주
심천	002460	강봉리튬	30.81	65.6	3.9조원	7.5억주
심천	002340	거린메이	7.26	96.9	3.5조원	29.1억주
상해	600418	안휘강회자동차	13.04	21.4	3.2조원	14.6억주
상해	600884	녕파삼삼	15.49	-	2.9조원	11.2억주
심천	002276	만마	17.53	61.5	2.8조원	9.4억주
상해	600366	녕파운승	21.99	14.4	2.0조원	5.6억주
심천	000831	오광희토류	11.96	-	2.0조원	9.8억주
심천	002664	실질전기모터	26.12	44.6	1.7조원	4.0억주
상해	600686	하문금룡자동차	12.42	12.4	1.3조원	6.1억주
심천	002227	오토신전력설비	28.53	630.0	1.1조원	2.2억주

업종 #4,
여행

중국 경제가 성장하고 소비가 확대되면서, 여러 분야에서 선진국과의 격차를 줄여가고 있다. 그뿐만 아니라, 선진국이 이미 경험한 소득 수준의 상승에 따른 변화 또한 그대로 답습하고 있다. 이러한 관점에서 성장 잠재력이 엄청난 분야가 바로 여행 업종이다.

선진국들의 사례를 보면 1인당 GDP가 4,000달러에 도달했을 때부터 해외여행을 시작했으며, 40,000달러에 도달하기까지 성장이 지속되어 왔음을 확인할 수 있다.

일본의 1인당 GDP가 4,000달러를 넘어서던 1974년 당시 출국자 수가 급증하기 시작하였고, 2,000년까지 26년간 출국자 수는 연평균 9.4%씩 늘어났다. 한국도 1인당 GDP가 4,000달러가를 넘어섰던 1986년부터 해외여행이 폭발적인 성장세를 보이기 시작했다.

일본 1인당 GDP와 총 출국자 수 추이

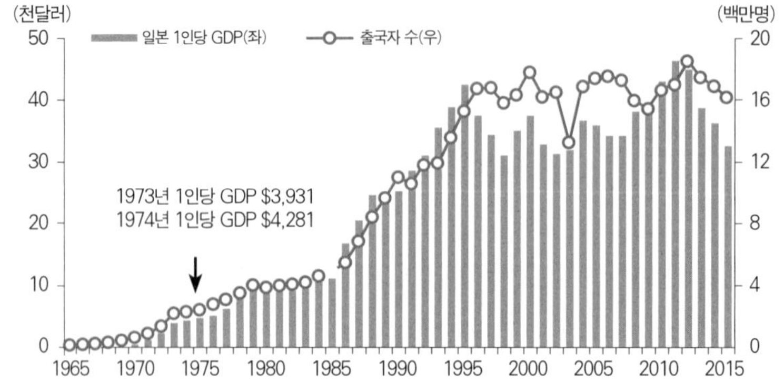

출처 : IMF, CEIC, 한화투자증권

한국 1인당 GDP와 총 출국자 수 추이

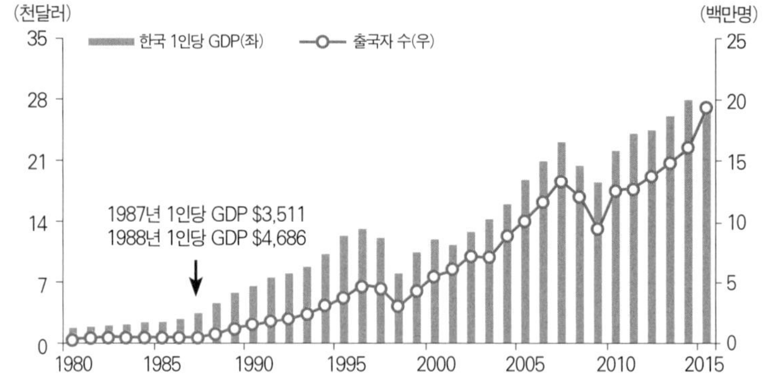

출처 : IMF, 관광지식정보시스탬, 한화투자증권

초기 20년은 연평균 15%씩 빠르게 출국자 수가 증가하다가, 그 이후부터는 조금씩 상승세가 둔화되고 있는 추세이기는 하다. 그러나 여전히 해외여행에 대한 수요는 빠르게 늘어나고 있다.

선진국의 많은 나라들을 통해 1인당 GDP가 4,000달러에서 40,000달러까지 늘어나는 동안 해외여행객에 대한 수요는 꾸준히 상승해왔다는 것을 확인할 수 있다. 한국은 소득 수준이 이제 30,000달러까지 도달한 반면, 해외여행객의 비율은 약 39%에 불과하다. 다른 나라의 인구 대비 해외여행객 비율이 평균 50% 정도 되는 것을 감안하면, 한국의 해외여행 관련 업종의 성장 잠재력도 여전히 갖고 있다고 할 수 있다.

중국은 어떨까? 중국은 2009년에서 2010년으로 넘어오면서 1인당 GDP가 4,000달러에 도달했으며, 해외여행이 본격화되기 시작했다. 지

중국 1인당 GDP와 총 출국자 수 추이

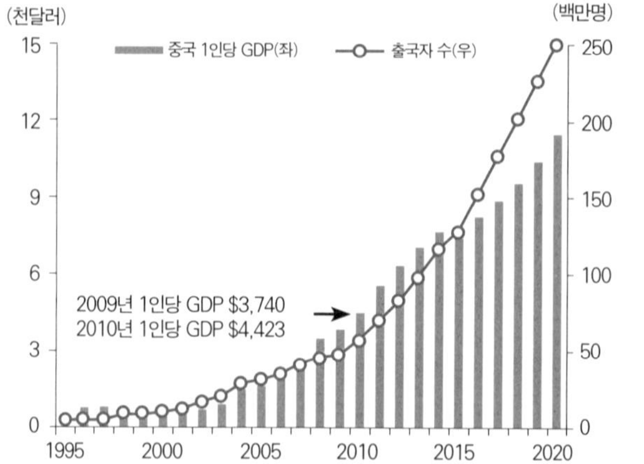

출처 : IMF, CEIC, 한화투자증권

난 2015년 기준으로 출국자 수가 1억 3,000만 명에 육박한다. 하지만 이는 중국 전체 인구에 비하면 10%가 채 되지 않는 수준이다. 중국의 인구 구조 및 소득 수준 증가를 보면 2020년에는 해외여행 인구가 2억 5,000만 명에 달할 것으로 예상되고 있다.

또한 중국의 경우, 앞서 성장한 국가들에 비해 해외여행 인구의 증가가 훨씬 더 빠르게 늘어날 전망이다.

아래 그림은 PPP 기준 1인당 GDP가 1만 달러를 넘어선 이후에 일본, 한국, 중국의 해외여행 인구 증가 추이를 각각 나타낸 것이다. 일본과 한국의 경우는 기준 연도에서 10년이 지난 후 약 2.5~3배 성장한 반면, 중국은 비슷한 성장을 하는 데 불과 6년 밖에 걸리지 않았다. 중국의 인구까지 고려하면 여행 인구의 폭발적인 증가에 입이 떡 벌어진다.

1인당 국민소득이 1만 달러를 넘어선 이후 해외여행객 추이 비교

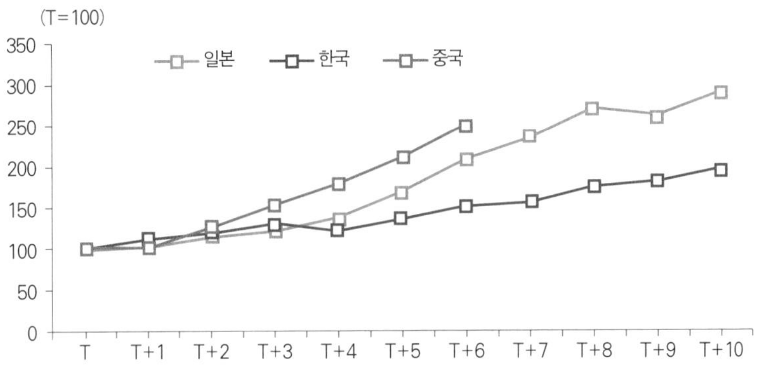

출처 : 한국투자증권

이러한 중국 여행 업종의 폭발적인 성장에서 투자의 기회를 엿볼 수 있다. 위에서는 아웃바운드해외에 대한 추이만 언급하였지만, 중국의 인바운드국내 여행 또한 폭발적으로 늘어나고 있다. 중국인들이 여행과 관련된 소비의 파급력은 엄청날 것이다. 여행사뿐만 아니라 주요 관광지, 쇼핑몰, 항공사, 공항, 면세점 등 관련 업종의 내수소비가 장기적으로 빠르게 늘어날 전망이다.

중국의 여행과 관련하여 수혜를 보는 업종의 기업들에 대한 투자가 아주 매력적으로 보인다.

여행 업종 수혜주

거래소	종목코드	종목명	주가	PER	시가총액	상장주식
상해	601888	중국국제여행사	44.63	27.29	7.3조원	9.8억주
상해	600138	중청려홀딩스	22.8	36.72	2.8조원	7.2억주
심천	002707	중신관광	18.33	75.28	2.6조원	8.4억주
심천	000796	카이싸관광	17.84	57.05	2.4조원	8.0억주
상해	600054	황산관광개발	16.18	34.29	1.4조원	5.1억주
심천	000888	아미산관광	12.84	33.7	1.1조원	5.3억주
심천	002033	여강옥룡관광	15.75	31.26	1.1조원	4.2억주
심천	002059	운남관광	8.56	62.3	1.0조원	7.3억주
상해	600258	수도관광호텔	25.68	31.3	1.0조원	2.3억주
심천	000524	영남홀딩스	17.22	121.3	0.8조원	2.7억주
심천	000430	장가계관광	12.28	38.98	0.7조원	3.2억주

업종 #5,
헬스케어

중국 헬스케어산업의 성장 잠재력

주요 국가의 1인당 GDP와 의료비용 지출 간의 관계를 보면, 소득 수준에 따라 지출되는 의료비용도 꾸준히 상승하는 결과를 알 수 있다. 최근 중국인들의 소득이 빠르게 증가하고 있으며, 빠르게 진행되고 있는 인구 구조의 변화로 의료소비 또한 빠르게 증가할 것으로 예상된다.

지금 중국의 인구 구조는 빠르게 변해가고 있다. 현재 45세 이상의 인구가 전체의 36%에 달하며, 2020년이 되면 5.7억 명으로 전체의 45%에 이를 전망이다. 중국의 고령 인구에 대한 부담이 아주 심각해 보이며, 이를 대비하기 위한 실버소비가 크게 확대될 것으로 보인다.

2020년까지 중국 정부가 계획한 헬스케어산업의 규모는 8조 위안약

주요국 1인당 GDP와 의료비용 지출

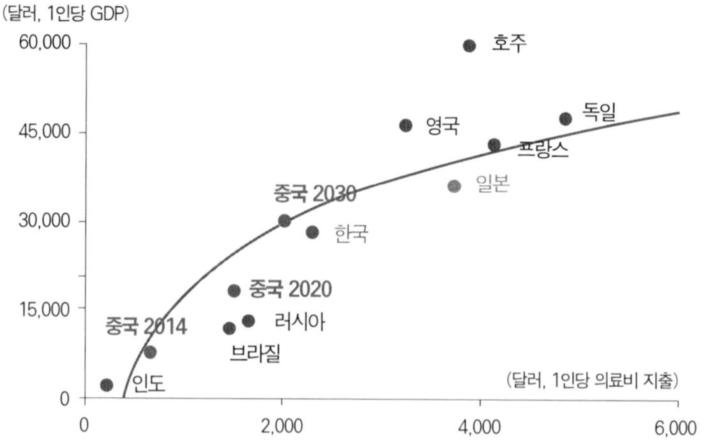

1인당 GDP 2014년 기준. 1인당 의료비 2013년 기준

출처 : OECD, World Bank, 신한금융투자

1,350조 원으로 엄청난 성장 잠재력으로 갖고 있다. 헬스케어산업은 크게 제약, 유통, 의료기기, 의료서비스 등으로 나뉜다. 세부 업종별로 성장성 및 수익성의 차이로 적용되는 밸류에이션의 차이가 크다.

하지만 다른 산업에 비해 상대적으로 헬스케어산업이 전반적으로 높은 밸류에이션으로 평가되고 있으며, 이는 헬스케어산업의 성장성을 높게 평가한다는 의미다.

헬스케어산업 중 증시에서 가장 큰 비중을 차지하는 것은 제약 업종이다. 중국의 제약시장은 2020년 1,650억 달러로 글로벌 2위의 시장으로 성장할 전망이다. 향후 성장 속도는 둔화될 것으로 보이나 질적 변

중국 인구 정책의 변화

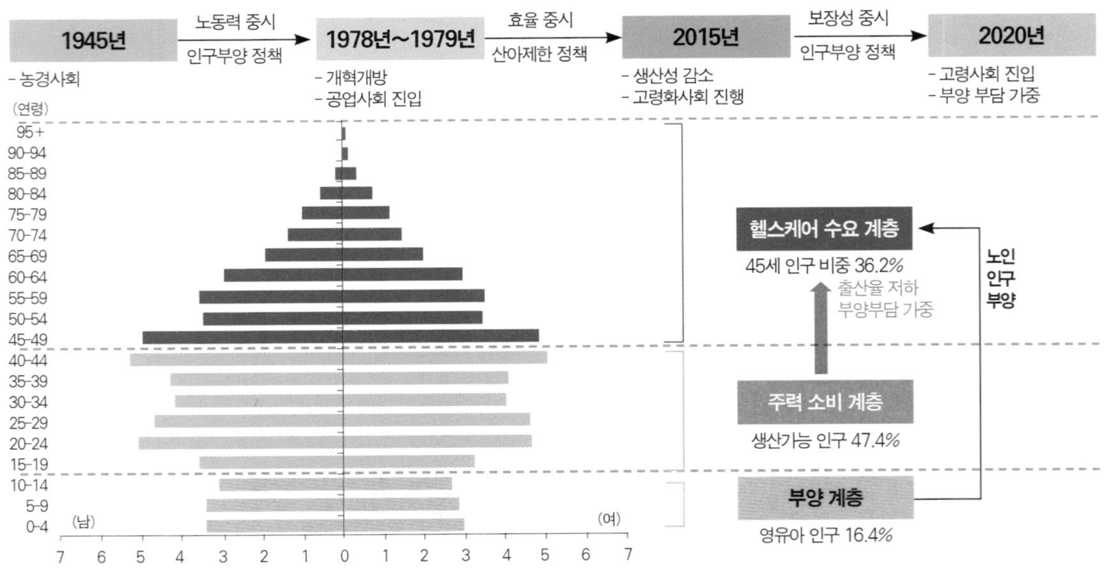

출처 : WIND, 신한금융투자

화를 통해 성장 추세는 꾸준히 유지될 것으로 기대된다.

약가 인하에 따른 구조조정으로 제약기업의 수가 줄어들 것으로 보이며, 기업별 차별화 현상이 심화될 전망이다. 이런 환경 속에서 R&D 투자에 적극적이며, 더욱 지위를 굳건히 하는 기업들에 관심을 가지면 좋을 것 같다.

헬스케어 업종 수혜주

거래소	종목코드	종목명	주가	PER	시가총액	상장주식
상해	600276	항서제약	46.35	44.9	18.2조원	23.5억주
심천	000538	백약그룹	69.23	24.9	12.1조원	10.4억주
상해	600196	복성제약	23.56	20.5	7.5조원	19.1억주
상해	600535	천진천사력제약	41.00	3.6	7.4조원	10.8억주
홍콩	01099	국약홀딩스	37.40	20.3	6.5조원	11.9억주
상해	601607	상해제약그룹	20.00	17.5	6.4조원	19.2억주
상해	600998	구주통	22.64	49.2	6.2조원	16.5억주
심천	000963	화동제약	73.25	25.4	6.0조원	4.9억주
홍콩	00241	알리건강	4.27	-	5.1조원	81.8억주
상해	600332	광주백운산제약	25.42	24.2	4.6조원	10.7억주
상해	600079	인복의약	20.95	34.3	4.5조원	12.9억주
홍콩	00867	강철제약	12.34	22.8	4.5조원	24.9억주
상해	600521	절강화해제약	25.96	57.6	4.5조원	10.3억주
심천	000999	화윤삼구제약	26.80	20.8	4.4조원	9.8억주
심천	002223	어약의료기	35.83	47.1	4.0조원	6.7억주
심천	002727	일심당	22.43	31.7	2.0조원	5.2억주
상해	600587	산동신화의료기기	24.83	42.8	1.7조원	4.1억주
홍콩	01515	봉황의료	13.00	47.2	1.6조원	8.3억주
홍콩	01509	HARMO NICARE	4.91	29.2	0.5조원	7.6억주

업종 #6, **철도**

후강퉁 이후 가장 이슈가 되었던 종목 중 하나는 중국의 대표 고속철 기업인 '중국중차'다. 많은 이슈가 있었지만, 그중 가장 강력한 호재는 바로 '중국남차와 중국북차의 합병'이었다. 중국북차가 중국남차로 흡수 합병되면서 중국남차의 사명이 중국중차로 바뀌었다. 2014년 11월과 12월 두 달간 합병 절차를 위해 거래정지가 되었다. 후강퉁 시행 이후 거래가 재개될 때, 5.8위안이었던 주가는 4개월 만에 39.47위안까지 급등하면서 약 7배의 상승을 기록했다.

국유기업 합병이라는 중국 정부의 정책적 호재와 당시 중국 증시의 넘쳐나는 유동성이 만들어낸 결과물이었다. 이후 주가는 고점대비 $\frac{1}{4}$ 수준까지 내려와 있는 상황이다. 과도하게 올랐던 만큼 조정 폭도 가장 큰 종목이었다. 더 이상 중국중차에 대한 투자 매력도는 없는 것일까?

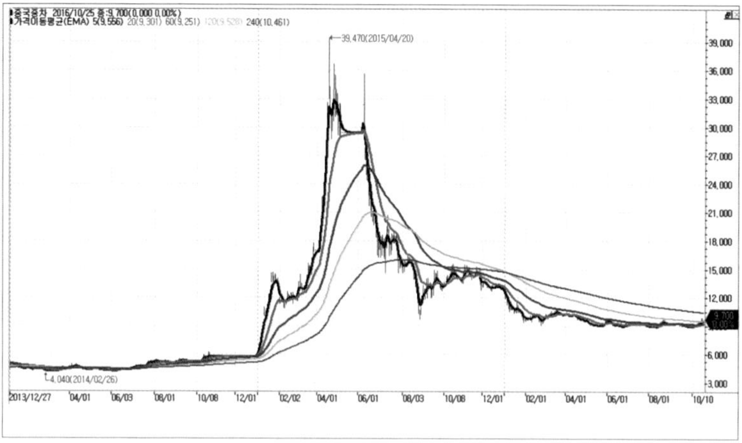

2012년 3월, 〈비즈니스 인사이더〉에서 중국 고속철과 관련된 기사가 실렸다. 2019년이 되면 중국의 모든 도시들이 고속철도로 연결될 거라는 내용이었다.

기사에 첨부된 데이터를 보면, 국가별 전체 철도 길이가 미국이 약 22.6만km로 가장 길고 중국은 약 9.1만km로 2위에 올라 있다. '이미 전 세계에서 두 번째로 긴 철도망을 보유하고 있는데, 향후 전망이 밝을까?'에 대한 궁금증은 '인구 1,000명당 철도 길이'의 데이터를 놓고 고민해보는 것이 더 유익할 것 같다.

인구 1,000명당 철도 길이는 미국이 0.75km, 중국은 0.07km다. 전체 길이로 놓고 보면 중국이 미국의 절반 정도의 철도망을 갖추고 있지만, 인구 1,000명당 길이로 비교하면 미국에 비해 $\frac{1}{10}$ 도 안 되는 수준이다.

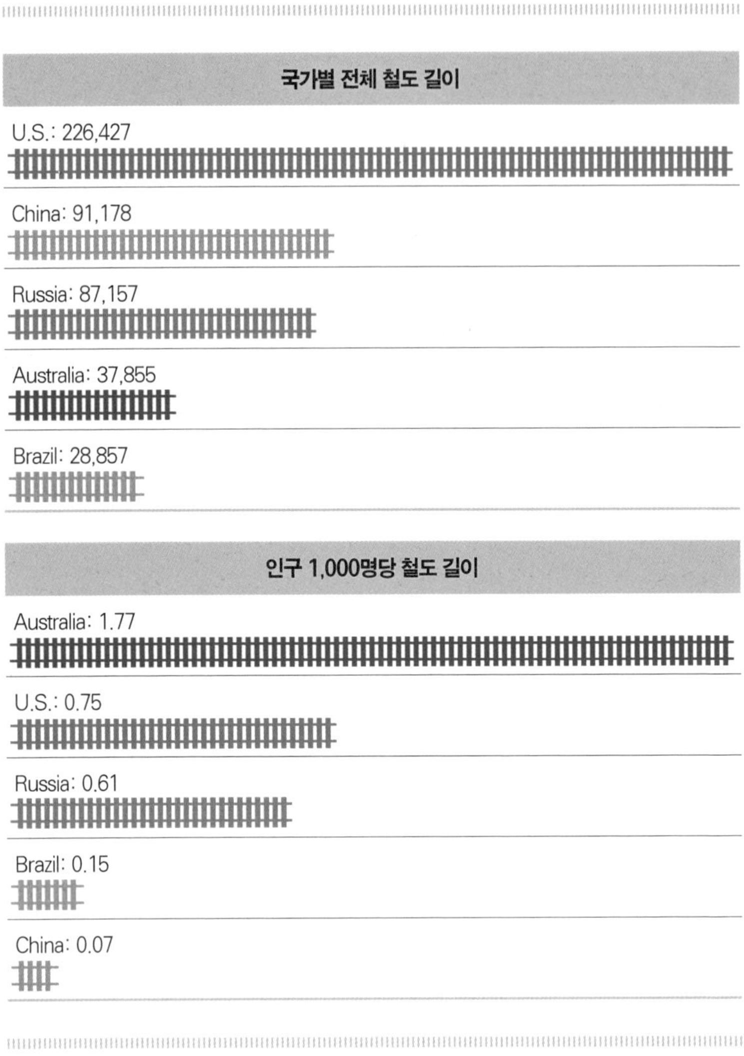

출처 : U.S. Global Investors

2015년 말 기준으로 중국의 철도망은 총 12.1만km이고, 그중 고속철도망은 1.9만km 가량으로 전 세계 고속철도망의 60% 이상을 차지한다.

또한 국가발전개혁위원회발개위가 〈중장기 철도망 계획〉 관련 기자회견에서 발표한 바에 따르면 중국은 2020년까지 철도망을 15만km, 그중 고속철도망은 3만km로 확대할 계획이라고 밝혔다. 더 나아가 2025년까지 철도망 규모를 17.5만km, 그중 고속철도망은 3.8만km로 늘릴 방침이다.

장기적으로 2030년이 되면 중국의 철도망은 20만km, 그중 고속철도망은 4.5만km에 달하면서 인구 20만 이상의 도시를 모두 연결할 계획이다. 고속철도망은 성 정부 소재지와 인구 50만 이상의 중대형 도시들을 모두 연결하면서, 인접 중대형 도시 간에 1~4시간의 교통권을 형성하게 될 것이다.

중국 전역을 연결하는 교통 인프라의 핵심은 철도다. 향후 수요에 따른 안정적인 성장을 기대해볼 수 있다.

新실크로드의 핵심은 철도다

新실크로드 프로젝트의 자금출자 규모는 약 1,000억 달러 수준이다. 이는 중국을 비롯한 주변국의 인프라 건설에 투자될 것으로 예상된다. 그 외에도 지방정부의 관련 투자 규모는 1.04조 위안으로 인프라 특히 철도, 항만, 고속도로, 공항에 투자가 집중될 전망이다. 지방정부의 투자 계획을 보면, 철도가 차지하는 비중이 48%로 가장 많은 부분을 차

육상 실크로드의 건설 현황 및 향후 계획

출처 : KIEP, 언론자료 종합, 이베스트투자증권

지방정부의 新실크로드 투자 계획

출처 : 21세기경제보도, 이베스트투자증권

지하고 있다.

향후 新실크로드 지역의 철도 길이는 약 1만km에 달할 것으로 추정되며, 전체 투자 규모가 5,000억 위안에 달할 것으로 예상된다.

고속철 대표 기업인 '중국중차'뿐만 아니라 철도건설, 장비, 건축자재 등 철도산업과 관련 있는 많은 기업들이 이러한 수요에 대한 수혜를 지속적으로 볼 것으로 예상된다.

철도 업종 수혜주

거래소	종목코드	종목명	주가	PER	시가총액	상장주식
상해	601766	중국중차	9.52	21.6	36.4조원	229.2억주
상해	601390	중국중철	8.75	16.2	27.3조원	186.4억주
상해	601989	중국조선중공업	6.72	-	20.6조원	183.6억주
상해	601186	중국철도건설	10.64	11.0	20.4조원	115.0억주
상해	601186	대진철도	6.92	11.4	17.2조원	148.7억주
상해	601669	중국전력건설	7.35	18.7	16.9조원	137.5억주
상해	600820	상해터널공정	10.60	21.6	5.6조원	31.4억주
상해	600150	중국선박공업	23.53	-	5.4조원	13.8억주
홍콩	01766	중국중차	7.22	14.0	4.6조원	43.7억주
상해	601333	광심철도	4.44	24.7	4.2조원	56.5억주
심천	000425	서공중공업	3.33	138.8	3.9조원	70.1억주
홍콩	00390	중국중철	6.16	9.8	3.8조원	42.1억주
상해	600528	중철이국	13.50	152.0	3.3조원	14.6억주
홍콩	01186	중국철도건설	9.90	8.7	3.0조원	20.8억주
상해	600562	국예과기	34.28	74.1	2.7조원	4.8억주
심천	002122	천마그룹	11.90	396.0	2.4조원	11.9억주
상해	600169	태원중공업	4.28	-	1.7조원	24.2억주
상해	600967	포두북방창업	12.57	-	1.7조원	8.2억주
상해	600416	상담전기제조	13.70	48.9	1.7조원	7.4억주
상해	600495	진서차축	7.67	109.4	1.5조원	12.1억주
상해	601002	진억실업	10.28	285.6	1.4조원	7.9억주
심천	000065	북방국제	26.40	40.0	1.2조원	2.7억주
홍콩	00525	광심철도	4.29	20.4	0.9조원	14.3억주

업종 #7, **미디어**

부자가 되기 위한 방법 중 하나는 '부자를 따라 하는 것'이다. 중국에서는 매년 최고 부자 순위가 바뀌고 있다. 2016년 현재 중국의 부자 순위 1위는 완다그룹의 왕지엔린 회장이다.

완다그룹은 중국의 최대 부동산 개발회사다. 기존의 주요 사업으로는 ① 상업용지 개발 및 관리, ② 고급호텔 건축 및 운영, ③ 백화점사업이다. 최근에는 문화와 관광사업의 비중을 빠르게 키워가고 있다.

중국 최고 부자인 왕지엔린 회장이 이끄는 완다그룹의 변화에서 투자에 대한 아이디어를 얻을 수 있다. 중국의 전자상거래 확산은 타의 추종을 불허한다. 이러한 전자상거래 발달은 완다그룹의 주력 사업군 중 하나인 백화점의 수익성을 빠르게 악화시키고 있다. 이러한 변화에 앞장서 완다그룹은 부동산에 집중된 그룹의 포트폴리오 다각화 일환으로 문화사업 성장에 힘쓰고 있다.

중국의 영화시장은 엄청난 성장 잠재력을 갖고 있다. 중국의 박스오피스시장은 이미 미국에 이어 전 세계에서 두 번째로 큰 규모를 자랑하고 있다. 하지만 이것은 시작에 불과하다. 중국의 2015년 영화관람객은 약 11.3억 명으로 추정되며, 이를 1인당 관람 편수로 계산하면 약 0.9회에 불과하다.

반면 한국의 해당 수치는 4.2회로 중국의 1인당 관람 편수가 현재의 한국 수준으로만 늘어나도 최소 4배 이상 시장이 커져야 된다. 최근 중국의 영화관람객 수는 매년 30%가 넘는 고성장을 기록하고 있으며, 이러한 성장세는 계속 이어질 전망이다.

중국 영화관람객 수, 매년 30% 넘는 고성장

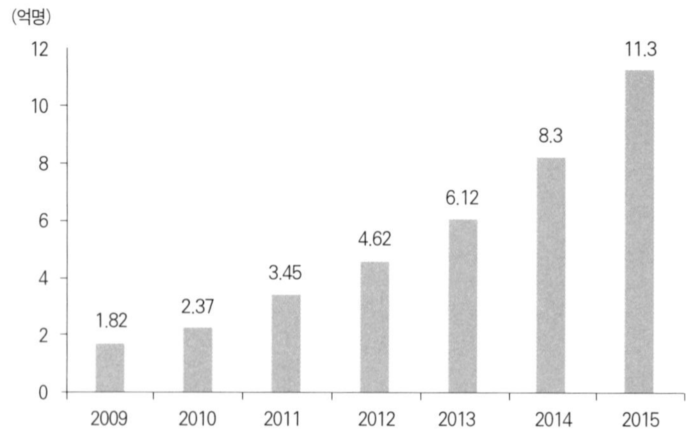

출처 : Entgroup, 현대증권

영화시장의 성장성 못지않게 매력적인 시장이 바로 교육시장이다. 중국의 1인당 GDP 증가 및 교육비 지출 증가에 따른 경제 구조적 변화, 2자녀 정책 시행 등에 따른 정책적 변화, 고학력 열풍을 불러온 사회적 변화에 의해 중국의 교육산업은 고성장기에 접어들었다.

2015년 기준 중국 교육산업의 부가가치는 한화로 약 270조 원에 달한다. 최근 5년간 연평균 16%의 성장을 기록했으며, 향후 성장세가 소폭 둔화될 전망이지만 2020년까지 산업 규모는 500조 원에 이를 것으로 예상하고 있다.

중국의 교육시장은 크게 ① Pre K-12, ② K-12, ③ 고등교육, ④ 직무교육, ⑤ 기업/기관교육 총 5개 분야로 분류된다. 중국 교육산업의 성장을 견인할 핵심 분야로는 ① 조기교육, ② 온라인교육, ③ 영어교육 세 가지로 나눌 수 있다.

투자 매력도 측면에서 '온라인교육산업'의 성장성이 눈에 띈다. 온라인 교육시장은 고등교육 기회의 불균형과 지역적인 분리함을 해소할 수 있다는 장점과 IT기술 발달에 따른 모바일 기기 증가, 인터넷 보급률 확대에 따라 중국에서 고성장을 이어가고 있다. 또한 중국 정부도 교육 수준의 제고와 지역별 격차 해소를 위한 '교육정보화' 로드맵을 설정해 온라인교육에 대한 지원을 확대하고 있다.

미디어산업은 중국의 대표 성장산업 중 하나이며, 관련 업종의 많은 기업들이 아주 유망해 보인다. 하지만 문제는 이러한 성장 프리미엄의 대부분이 이미 주가에 반영되어 있다는 점이다. 기업들의 고PER을 보

중국 온라인교육시장 규모

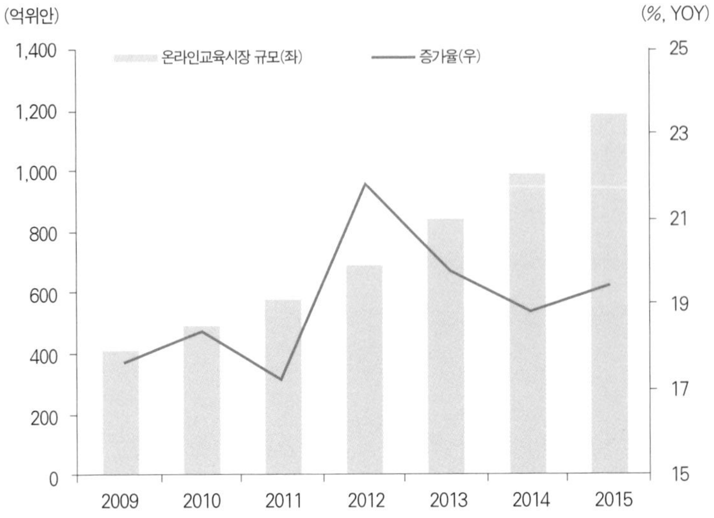

출처 : Frost&Sullivan, 하나금융투자

면 투자자 입장에서 부담스러울 수 있다.

하지만 저PER 종목들만 투자하면 '반쪽짜리 중국 투자'가 될 수 있다. 성장이 기대되는 매력적인 기업을 발굴하고, 적절한 가격에 매수하기 위한 많은 노력이 필요해 보인다.

미디어 업종 수혜주

거래소	종목코드	종목명	주가	PER	시가총액	상장주식
심천	002027	포커스미디어	15.70	-	22.9조원	87.4억주
상해	600637	동방명주	24.65	17.61	10.8조원	26.3억주
심천	002624	퍼펙트월드 픽쳐스	35.24	56.8	7.7조원	13.1억주
심천	000839	중신국안정보	11.74	80.19	7.7조원	39.2억주
상해	600959	강소유선 방송정보	10.52	46.84	6.8조원	38.8억주
심천	002739	완다시네마	66.87	56.5	6.3조원	5.6억주
상해	601098	중남미디어	18.27	18.8	5.5조원	18.0억주
상해	600373	중문미디어	22.86	26.9	5.3조원	13.8억주
심천	002143	DMG엔터	26.36	46.25	4.9조원	11.1억주
상해	601928	풍황미디어	11.25	23.6	4.8조원	25.4억주
상해	601801	환신미디어	15.68	36.9	4.8조원	18.2억주
심천	000156	화수미디어	19.34	47.8	4.6조원	14.3억주
상해	600037	북경가화 케이블TV	16.85	27.51	3.9조원	13.9억주
심천	000917	전광미디어	16.21	60.0	3.8조원	14.2억주
심천	000793	화문미디어	10.91	29.6	3.7조원	20.2억주
상해	600633	절보미디어	14.86	27.9	3.0조원	11.9억주
심천	000681	비쥬얼차이나	23.57	91.22	2.8조원	7.0억주
심천	002400	광동광고그룹	13.85	26.68	2.7조원	11.8억주
심천	000607	화매홀딩스	15.02	57.77	2.6조원	10.2억주
상해	601929	지스미디어	4.52	38.1	2.4조원	31.1억주
심천	002343	자문미디어	42.83	32.8	2.3조원	3.1억주
심천	000719	대지미디어	11.06	19.6	1.9조원	10.2억주
상해	600551	시대출판	20.11	25.58	1.7조원	5.1억주
심천	000673	당대동방투자	12.82	75.5	1.7조원	7.9억주
심천	002712	사미미디어	34.6	229.66	1.7조원	2.9억주

업종 #8, O2O

중국의 신경제를 대표하는 두 개의 키워드는 '중국 제조 2025'와 '인터넷+'이다. '인터넷+'의 핵심은 O2OOnline to Offline 즉, 온라인과 실제 생활에 접촉하는 모든 것을 연결하는 형태를 의미한다.

O2O의 대표적인 예로 모바일로 결제한 후, 오프라인에서 실제 서비스나 물건을 받는 소비를 들 수 있다. 초기에 미국의 그루폰, 한국의 티몬, 쿠팡과 같은 공동구매 소셜커머스 형태의 사업 모델에서 최근에는 소비자 분석, 할인 제공, 쿠폰 같은 개인 맞춤형서비스로 점차 발전하고 있다.

중국의 O2O시장은 2012년부터 현재까지 연평균 60%의 고도 성장을 이어가고 있다. 중국 O2O시장의 성장은 스마트폰의 대중화에 따른 모바일 인터넷의 활성화가 있었기에 가능했다. 중국의 인터넷 사용자

중국 인터넷 및 모바일 인터넷 사용자 추이

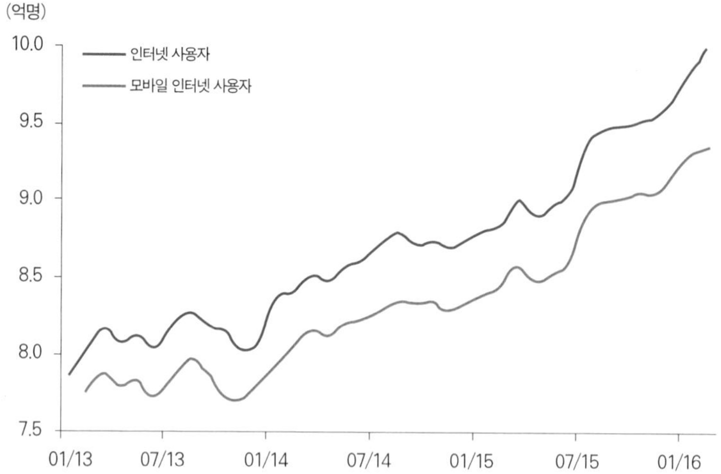

출처 : WIND, 신한금융투자

는 9.9억 명, 모바일 인터넷 사용자는 9.3억 명으로 이미 세계 최대의 인터넷 인프라시장이 형성되었다.

중국의 O2O시장은 BATBaidu, Alibaba, Tencent로 불리는 3대 인터넷 기업 바이두, 알리바바, 텐센트가 독식하고 있다. 2013년 이후 대대적인 M&A 정책을 펼치면서 간편결제, 공동구매, 택시예약, 대리운전, 의약품 전자상거래 등 O2O 관련 자체적인 생태계를 조성해가고 있다.

O2O사업을 위해서는 집객集客, 결제, 서비스의 밸류체인을 갖춰야 한다. 바이두, 알리바바, 텐센트를 중심으로 다양한 기업들이 모바일 메신저, 지도, 브라우저, 검색엔진 등을 통해 고객을 유치하고 있다. 또한 간

출처 : WIND, 각 회사 자료, 신한금융투자

편결제서비스를 통해 손쉽게 결제를 한 뒤 다양한 서비스를 이용할 수 있도록 관련 기업들의 인수합병, 제휴 등을 통한 생태계를 조성하기 위해 노력하고 있다.

중국의 O2O 산업은 확장기로 접어들면서 밸류체인의 영역도 점점 확대될 전망이다. 중국은 현재 어떤 선진국들보다도 빠르게 O2O 산업이 발전하고 있다. 투자의 기회를 얻기 위해서는 빠르게 변화하는 흐름을 놓치지 않고, 유망한 기업을 발굴하기 위한 노력을 기울여야 한다.

중국 O2O산업 밸류체인

중국 O2O산업 밸류체인	구분				
	O2O산업 주도 분야	**교통**	**음식료**	**여행**	**미디어**
		콜택시 · 대리운전 카풀 · 통근버스	음식료/도시락 배달 신선식품 배달	항공권 · 숙박 쇼핑 · 관광	영화/공연 예매 드라마/예능 컨텐츠
	O2O산업 신흥 강자	**교육**	**의약/바이오**		
		온라인 강의 교육 관련 플랫폼	온라인 약국 온라인 진료/예약		
	O2O산업 신규 모델	**환경보호**	**생활서비스**	**패션/뷰티**	
		리사이클 시스템	가사/육아 도우미	의류매장/네일아트 헤어/메이크업	

출처 : 삼성증권

O2O 관련 수혜주

거래소	종목코드	종목명	주가	PER	시가총액	상장주식
심천	002024	소녕운상그룹	11.51	230.2	17.9조원	93.1억주
상해	600415	중국소상품시티그룹	7.95	37.9	7.2조원	54.4억주
상해	600177	Youngor그룹	14.55	7.4	6.2조원	25.6억주
상해	600998	구주통	22.45	48.8	6.2조원	16.5억주
상해	600588	용우네트워크	22.85	99.4	5.6조원	14.6억주
상해	600704	절강물산중대원통	10.57	24.7	5.1조원	28.7억주
심천	002563	삼마의류	10.57	19.9	4.8조원	26.9억주
심천	002640	과경통	20.15	106.0	4.3조원	12.9억주
상해	600270	중외운항공운수발전	19.36	17.2	2.9조원	9.1억주
상해	600143	광주금발테크놀로지	6.84	22.2	2.9조원	25.6억주
상해	600120	절강동방그룹	33.89	25.3	2.9조원	5.1억주
심천	002312	삼태홀딩스	11.16	-	2.6조원	13.8억주
심천	002344	해녕가죽	10.85	31.9	2.0조원	11.2억주
심천	002600	강분자재	10.28	102.8	2.0조원	11.8억주
심천	002468	아이디시 유체제어	35.39	2786.6	2.0조원	3.3억주
심천	002251	BBG체인	14.61	80.8	1.9조원	7.8억주
상해	603128	화무물류	10.58	40.7	1.8조원	10.0억주
상해	600729	중경백화점	25.85	31.9	1.8조원	4.1억주
심천	002094	금왕응용화학	25.62	78.4	1.6조원	3.8억주
심천	002537	해립미달금속	28.21	176.3	1.4조원	3.0억주
심천	002327	부안나침구	9.13	19.4	1.3조원	8.5억주
상해	600368	광서오주교통	5.94	-	0.8조원	8.3억주

업종 #9,
신에너지

선진국의 인구는 줄고 있지만, 전 세계적으로 인구는 점점 늘어나고 있다. 그리고 경제가 성장하고 기술이 발달하면서 전기소비량은 빠르게 늘어가고 있다. 전체 발전용량은 2000년부터 매년 3~5%씩 증가했다.

다음의 차트에서 눈에 띄는 것은 신재생에너지 발전용량의 추이다. 2000년에는 65GW로 전체 3,455GW의 1.8%에 불과했지만, 해마다 10~25%의 빠른 증가를 해왔다. 지구 온난화 문제가 대두되면서 신재생에너지를 통한 발전이 더욱 각광받고 있다. 또한 신재생에너지 발전의 가장 큰 문제점인 발전 단가가 기술 발전과 경쟁을 통해 빠르게 낮아지면서, 전체 발전용량에서 신에너지가 차지하는 비중은 향후 더욱 빠르게 증가할 전망이다.

2000~2012년까지 세계 발전용량 VS 신재생에너지 발전용량

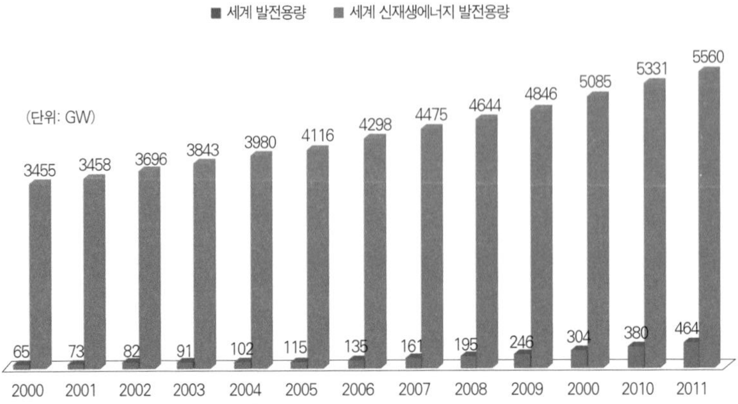

출처 : EIA

지구온난화를 막기 위해 전 세계가 합심하여 노력하고 있다. 이러한 노력은 탄소를 줄이기 위한 구체적인 계획으로 이어져 탄소배출에 세금을 부과하기까지 이르렀다. 참여국들은 기후협약을 맺음으로 국가별로 탄소배출에 대한 기준을 부여받게 된다. 선진국을 시작으로 신흥국도 참여하게 되며, 2021년부터 신기후체제가 적용된다.

2015년 파리협정은 장기목표로 산업화 이전 대비 지구 평균기온 상승을 '2℃보다 상당히 낮은 수준으로 유지'키로 하고, '1.5℃ 이하로 제한하기 위한 노력을 추구'하기로 했다. 국가별 온실가스 감축량은 각국이 제출한 자발적 감출목표INDC를 그대로 인정하되 2020년부터 5년마다 상향된 목표를 제출하도록 했다.

이와 함께 정기적인 이행 상황 및 달성 경과보고를 의무화하고, 이를 점검하기 위한 국제사회의 종합적 이행 점검 시스템을 도입해 2023년에 최초로 실시한다는 원칙에 합의했다. 이 밖에 온실가스 배출량을 꾸준히 감소시켜 이번 세기 후반 이산화탄소 순배출량을 0으로 만든다는 내용에도 합의했다.

아래 표는 주요 국가의 온실가스 감축목표다. 신기후체제 출범 시 신재생에너지 수요의 확대는 필연적이다.

신재생에너지에는 태양열, 태양광, 풍력, 지열, 조력, 바이오에너지 등이 있다. 필자는 태양광과 풍력발전에 관심이 많으며, 성장주로서의 투자 매력을 높이 평가하고 있다.

국가	감축목표
중국	2005년 1인당 GDP 대비 60~65%
미국	2005년 배출량 대비 26~28%(2025년까지)
EU(28개국)	1990년 배출량 대비 40%
인도	2005년 1인당 GDP 대비 33~35%
러시아	1990년 배출량 대비 25~30%
일본	2013년 배출량 대비 26%
캐나다	2005년 배출량 대비 30%
멕시코	2030년 배출 전망치 대비 25~40%
한국	2030년 배출 전망치 대비 37%

신재생에너지산업은 2000년도 초반까지 빠른 성장세를 보이다가, 경기 침체에 따른 유럽의 수요 급감 및 발전 계획의 중단 등으로 공급과잉이 빠르게 확산되었다.

태양광발전의 주원료인 폴리실리콘의 경우, 2008년 1kg에 475달러 하던 것이 현재는 20달러도 훨씬 못 미치는 수준까지 곤두박질치고 있는 상황이다. 현재의 가격 수준은 글로벌 상위 4개 기업도 수익을 내기 힘든 수준이다. 공급 과잉에 따른 구조조정은 계속 진행되고 있으며, 향후 태양광발전의 수요가 늘어나면서 생존 기업들은 안정을 찾을 것으로 보인다.

신재생에너지산업의 대부분 업종이 이와 비슷할 것으로 보이며, 구조조정과 수요의 확대로 관련주에 대한 투자 매력도는 점차 높아질 전망이다.

태양광발전은 중국의 중요한 전략적 신흥산업 중 하나이다. 향후 중국에서 분산식 태양광발전이 빠르게 확산될 전망이다. 중국 태양광시장 현황을 보면 과거에는 대규모 발전소TGC 형식이 주를 이뤘지만, 점점 분산식 태양광발전DGC의 비중이 높아지고 있다. 정부에서 지붕 면적이 넓고 전력 사용이 많으며 전력 요금이 높은 개발구의 태양광발전 건설을 격려하고 있다. 또한 기차역, 공항, 휴게소, 주차장 등 공공시설에도 빠르게 설치되고 있다.

분산식 태양광발전의 수요가 늘어나면서 중요한 변화가 있다. 많은 투자자들이 태양광발전의 주원료로 '폴리실리콘'을 떠올린다. 태양광

중국 태양광시장 현황 및 전망

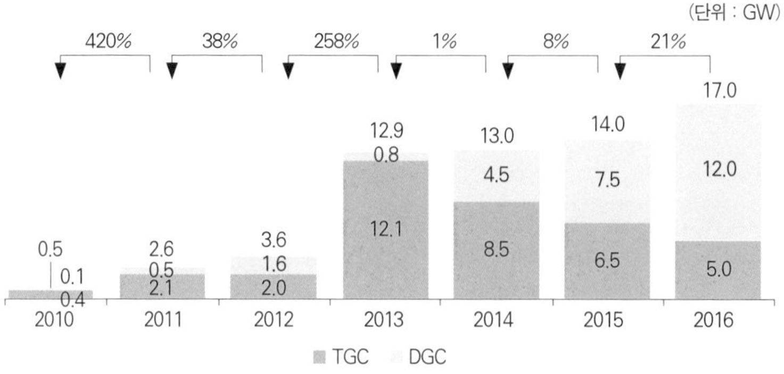

TGC는 transmission-grid-connected PV, DGC는 distribution-grid-connected PV

출처 : New Energy Finance

패널은 효율에 따라 크게 모노실리콘, 폴리실리콘, 박막형 세 가지로 나뉜다.

모노실리콘은 상대적으로 효율이 높고 수명이 긴 반면 가격이 비싸고, 폴리실리콘은 효율과 수명이 조금 떨어지지만 가격이 저렴하다. 박막형은 효율과 수명이 더 떨어지면서 가격은 더 저렴하지만 효율이 많이 낮아 잘 사용하지 않는다.

2015년 기준으로 폴리실리콘의 비중이 76%로 대부분을 차지하고 있다. 그래서 투자자들에게는 폴리실리콘이 익숙하지만, 향후 모노실리콘의 비중이 빠르게 늘어날 전망이다. 대규모 발전의 경우는 폴리실리콘의 효율과 가격이 합리적이었지만, 한정된 공간에 설치되는 분산식 발전의 경우 발전 효율이 더 중요해진다. 또한 모노실리콘의 생산 단

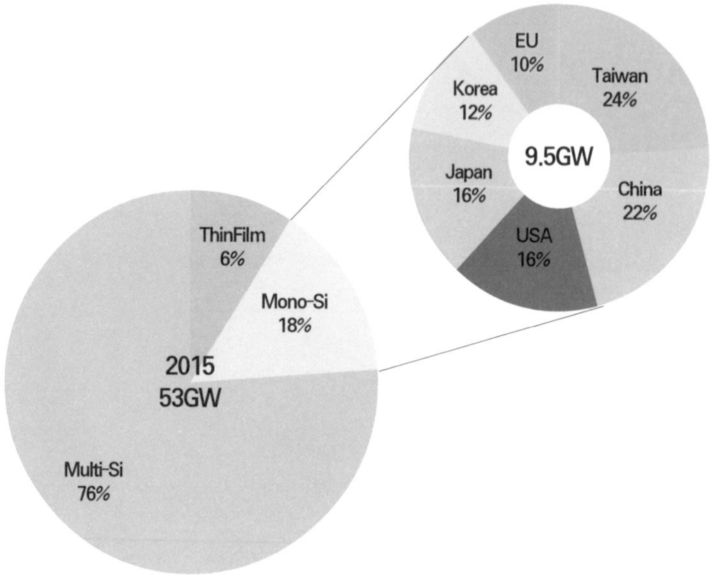

출처 : EnergyTrend, Oct. 2015

가가 낮아지면서 매력도는 더 높아지고 있다.

SEMI국제반도체장비재료협회의 예측에 따르면 단결정 전지는 탁월한 전환 효율을 바탕으로 다결정 전지를 점차 대체할 것이며, 2023년 시장점유율은 50%에 근접할 것으로 보인다. 관련주 투자에 있어 유념하면 좋을 것 같다.

신에너지 업종 수혜주

거래소	종목코드	종목명	주가	PER	시가총액	상장주식
상해	600900	장강전력	13.37	18.3	49.1조원	220.0억주
상해	601727	상해전기그룹	8.42	53.7	13.9조원	98.5억주
심천	002202	금풍과기	15.98	14.3	6.0조원	22.4억주
상해	600089	TBEA	8.93	14.6	4.8조원	32.4억주
상해	600642	상해에너지	5.94	15.6	4.5조원	45.5억주
상해	600021	상해전력	11.73	20.7	4.2조원	21.4억주
상해	601012	융기실리콘자재	13.94	19.4	4.1조원	17.7억주
심천	000591	중절태양광	14.90	33.1	3.4조원	13.7억주
상해	600578	북경경능전력	4.33	9.8	3.3조원	46.2억주
심천	002665	수항에너지절감기술	9.39	119.0	3.1조원	19.7억주
홍콩	03800	보리협흠	1.07	5.0	2.9조원	185.9억주
상해	600094	대명성	9.17	27.2	2.8조원	18.1억주
상해	600438	통위	6.09	22.6	2.5조원	24.6억주
심천	002358	삼원전기	17.87	54.2	2.4조원	8.0억주
심천	002335	과화항성	43.60	57.4	2.0조원	2.7억주
상해	600116	중경삼협수리전력	9.63	45.2	1.6조원	9.9억주
심천	000958	동방에너지	15.36	22.6	1.4조원	5.5억주
상해	600210	상해자강기업그룹	5.54	81.5	1.4조원	15.2억주
심천	002341	신륜과기	20.25	-	1.3조원	3.7억주
심천	002632	도명광학	11.98	155.6	1.2조원	5.9억주
심천	002620	서화건축장식	48.41	70.2	1.2조원	1.4억주
심천	002218	척일신에너지	9.95	78.4	1.0조원	6.2억주
심천	002039	검원전력	17.15	14.2	0.9조원	3.1억주
상해	601222	임양전자	9.44	24.8	0.8조원	5.0억주
심천	002610	애강과기	3.95	121.5	0.7조원	11.2억주
심천	000993	민동전력	11.43	57.1	0.7조원	3.7억주
심천	002576	통달동력	18.83	334.5	0.5조원	1.7억주
홍콩	00956	신천녹색에너지	1.09	14.1	0.3조원	18.4억주

부록 | **후강퉁, 선강퉁, 홍콩**

유망 100종목 PER 밴드 & PBR 밴드

부록에 수록된 100종목은 국내외 기관들이 추천한 유망 종목들 중 선별한 것이다. 부록은 종목들의 밸류에이션 현황을 손쉽게 점검할 수 있도록 주요 재무비율과 PER & PBR 밴드로 구성하였다. 국내 종목과 달리 중국 종목의 PER 밴드와 PBR 밴드는 일반 투자자들이 쉽게 접할 수 있는 제공처가 없다. 주요 재무비율과 밴드 차트는 종목을 점검하는 데에 유용하게 사용된다.

앞서 본문에서 PER 밴드에 대해 소개했지만, 다시 한 번 간략하게 소개한다.

PER 밴드는 주가와 EPS 배수의 추이로 구성되어 있다. 최근 5년간 가장 저평가 되었을 때와 고평가되었을 때를 기준으로 5개의 배수 선(Multiple Line)을 그어 각 시점별 밸류에이션을 점검하는 도구다.

이 라인들이 우상향한다는 것은 기업의 실적이 좋아진다는 것을 의미한다. 반대로 우하향하면 실적이 나빠진다는 것을 의미한다. 차트를 보면 배수 선들과 주가가 같은 방향으로 움직이는 모습과 반대 방향으로 움직이는 모습을 볼 수 있다. 이와 관련하여 아래와 같이 네 가지 케이스를 생각해볼 수 있다.

1. 멀티플 라인 상승 & 주가 상승
2. 멀티플 라인 상승 & 주가 하락
3. 멀티플 라인 하락 & 주가 상승
4. 멀티플 라인 하락 & 주가 하락

1과 4는 실적과 주가가 같은 방향으로 움직이는 일반적인 모습이다. 기본적으로 투자자는 실적이 좋아지는 기업에 투자를 해야 되기 때문에 실적이 좋아지는 모습인 1과 2의 모습을 보이는 종목에 관심을 가져야 한다. 2와 같이 실적이 꾸준히 좋아지는데, 주가는 반대로 하락하고 있는 종목에서 좋은 기회를 잡을 수 있다. 단, 좋은 실적에도 불구하고 주가가 하락하는 이유에 대해서는 충분히 검토를 해야 한다.

PBR 밴드도 활용하는 방식은 동일하다. PER 밴드는 순이익과 주가의 관계를 나타낸 것이고, PBR 밴드는 순자산과 주가의 관계를 나타낸 것이다. 기업을 평가하는 관점에 따라서 두 밴드를 적절히 활용하면 좋을 것 같다.

아래는 부록에 나오는 약자들을 풀어 놓은 것이다. 생소한 단어가 있다면 참고하기 바란다.

- **PER(Price Earning Ratio) : 주가수익비율**
- **PBR(Price Book-value Ratio) : 주가순자산비율**
- **PSR(Price per Sales Ratio) : 주가매출비율**
- **EPS(Earning Per Share) : 주당순이익**
- **BPS(Book-value Per Share) : 주당순자산**
- **ROE(Return On Equity) : 자기자본이익률**
- **ROA(Return On Asset) : 총자산이익률**
- **D/E(Dept to Equity Ratio) : 부채비율**
- **TTM(Trailing Twelve Months) : 최근 4분기**

※ PER 밴드와 PBR 밴드는 자체 제작하였으며, 각종 데이터는 〈모닝스타(www.morningstar.com)〉를 참고했다.

유망 100종목 리스트

업종	NO	코드	종목
소재	001	002450	강덕신
	002	002460	감봉리튬
	003	002466	천제리튬
산업재	004	000039	국제해운컨테이너
	005	000768	중항항공기
	006	002074	국헌하이테크
	007	002183	이아통
	008	002202	금풍과기
	009	300024	로봇
	010	600009	상해국제공항
	011	600018	상해항만그룹
	012	600021	상해전력
	013	600270	중외운항공운수발전
	014	600406	국전남서테크놀로지
	015	600893	항공동력
	016	601006	대진철도
	017	601021	춘추항공
	018	601111	중국국제항공
	019	601668	중국건축
	020	601766	중국중차
경기 소비재	021	000069	화교성
	022	000100	TCL그룹
	023	000333	메이디그룹
	024	000625	장안자동차
	025	000651	거리전기
	026	000888	아미산관광
	027	000917	호남전광미디어
	028	002292	알파애니메이션
	029	002563	선마의류

업종	NO	코드	종목
경기 소비재	030	002594	비야디
	031	002739	완다시네마
	032	300027	화이형제미디어
	033	300133	화책미디어
	034	600060	청도해신전기
	035	600066	정주우통버스
	036	600104	상해자동차
	037	600138	중청려홀딩스
	038	600177	Youngor그룹
	039	600298	안기효모
	040	600315	상해가화연합
	041	600398	하이란홈
	042	600637	동방명주
	043	600660	복요유리
	044	600690	청도하이얼
	045	600699	균승전자
	046	600741	화역자동차시스템
	047	600754	상해금강국제호텔
	048	601098	중남미디어
	049	601633	장성자동차
	050	601888	중국국제여행사
	051	00699	신주렌터카
필수 소비재	052	000858	오량액
	053	000876	사천신희망농업
	054	002304	양하양조
	055	002385	대북농
	056	600519	귀주모태주
	057	600887	내몽고이리실업그룹
	058	601933	영휘마트

업종	NO	코드	종목
	059	603288	혜천미업
건강관리	060	000423	산동동아아교
	061	000538	백약그룹
	062	000623	길림오동제약그룹
	063	000963	화동의약
	064	002007	화란바이오
	065	002252	상해래시
	066	002294	신립태제약
	067	300015	애인안과
	068	600085	북경동인당
	069	600196	복성제약
	070	600276	항서제약
	071	600511	국약그룹
	072	600521	절강화해제약
	073	600535	천진천사려제약
금융	074	000001	평안은행
	075	000002	중국만과
	076	002142	녕파은행
	077	600030	중신증권
	078	600048	보리부동산
	079	601318	중국평안보험
	080	601688	화태증권
	081	02328	중국인민재산보험
정보기술	082	000063	ZTE
	083	000977	낭조정보
	084	002008	한스레이저
	085	002230	신비정보
	086	002241	가이
	087	002465	해격통신
정보기술	088	002475	입신정밀
	089	300059	동방재부
	090	300104	러스왕
	091	300168	만달정보
	092	600271	항천정보
	093	600570	항생전자
	094	600588	용우네트워크
	095	600884	녕파삼삼
	096	601012	융기실리콘자재
	097	00700	텐센트홀딩스
	098	03800	보리협흠
공익사업체	099	000826	상덕환경자원
	100	600900	장강전력

종목	강덕신		업종	소재				PER	31.5	ROE	17.1
코드	002450.SZ		개요	라미네이팅 필름 및 필름 장비 생산 및 판매사업				PBR	4.2	ROA	8.9
날짜	2016-10-28							PSR	6.0	D/E	0.1
PER	MAX	35.0	PBR	MAX	4.0	년도	2012	2013	2014	2015	TTM
	MIN	3.8		MIN	0.6	EPS	0.73	0.71	1.06	0.98	0.54
	AVG	13.6		AVG	2.0	ROE	19.6	19.2	23.5	25.6	17.1

PER 밴드

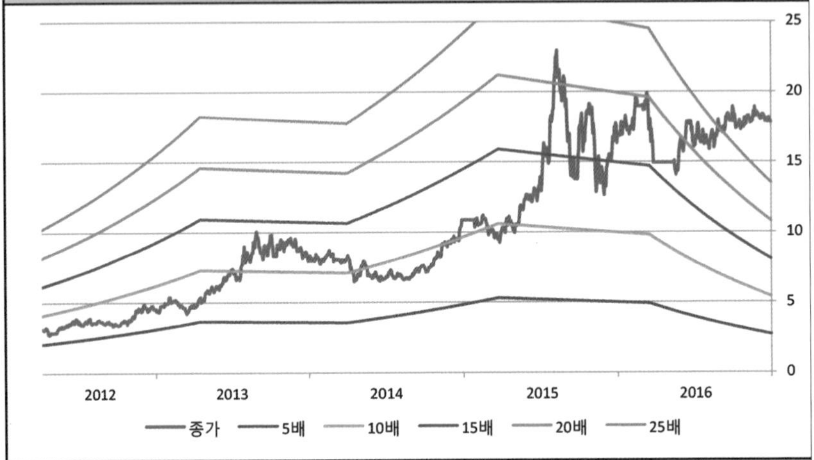

PBR 밴드

종목	감봉리튬		업종	소재				PER	45.6	ROE	25.8
코드	002460.SZ		개요	전 세계 최대 리튬 관련 제품 생산업체 (리튬배터리 등 20여 가지 제품)				PBR	10.4	ROA	17.4
날짜	2016-10-28							PSR	9.7	D/E	0.1
PER	MAX	93.7	PBR	MAX	12.8	년도	2012	2013	2014	2015	TTM
	MIN	8.7		MIN	0.6	EPS	0.46	0.49	0.24	0.34	0.69
	AVG	28.3		AVG	3.1	ROE	9.3	8.9	6.4	7.9	25.8

PER 밴드

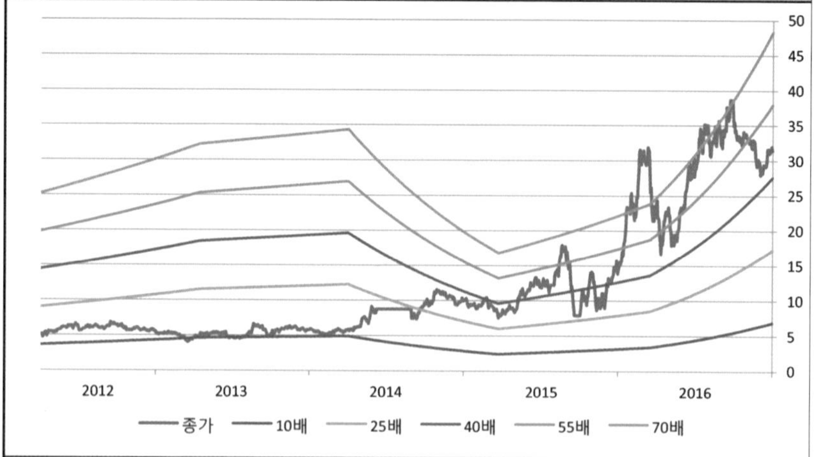

PBR 밴드

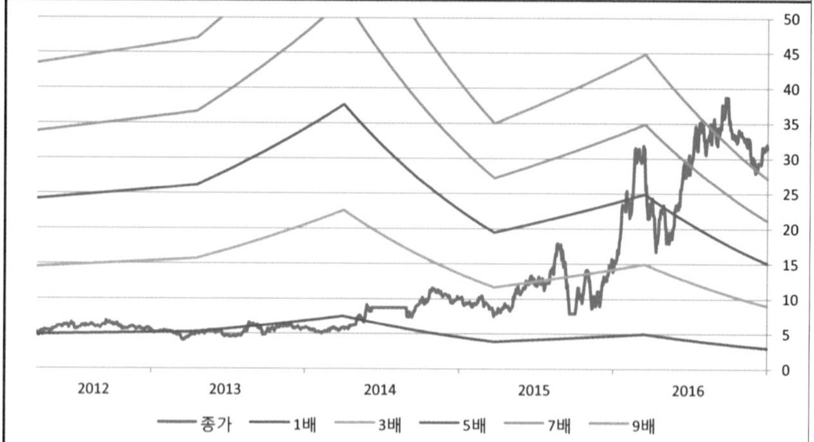

종목	천제리튬		업종	소재				PER	28.0	ROE	38.4
코드	002466.SZ		개요	리튬제품 개발과 제조 및 판매사업. 세계 최대 리튬 광산을 보유				PBR	9.0	ROA	16.9
날짜	2016-10-28							PSR	11.7	D/E	0.3
PER	MAX	47.4	PBR	MAX	11.9	년도	2012	2013	2014	2015	TTM
	MIN	0.0		MIN	0.0	EPS	0.28	-0.90	0.54	0.96	1.40
	AVG	20.1		AVG	2.7	ROE	4.2	(14.1)	3.7	8.2	38.4

PER 밴드

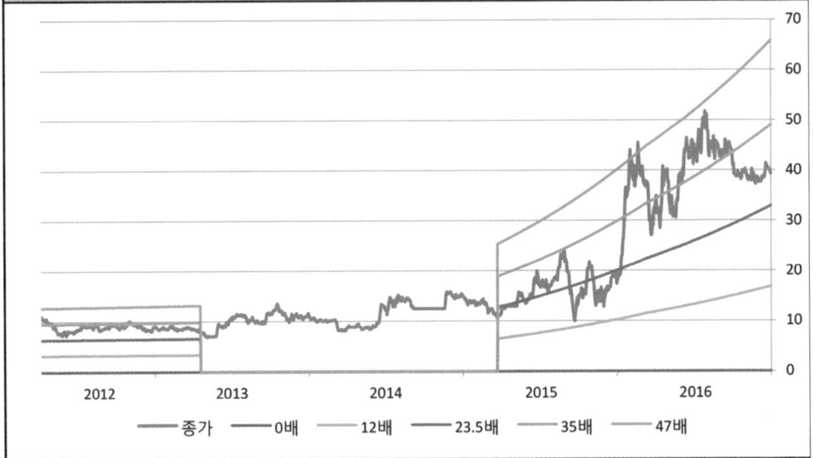

PBR 밴드

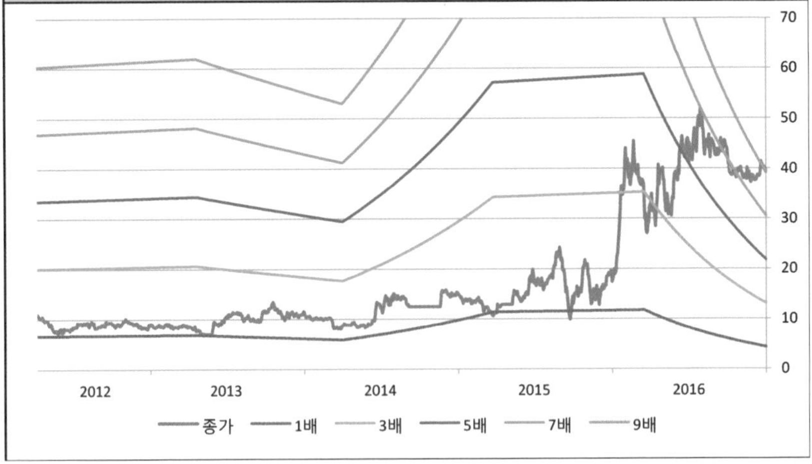

종목	국제해운컨테이너		업종	산업재				PER	—	ROE	0.2
코드	000039.SZ		개요	세계 최고 수준의 운송 장비 및 서비스업체				PBR	1.5	ROA	0.1
날짜	2016-10-28							PSR	0.7	D/E	1.3
PER	MAX	46.7	PBR	MAX	3.8	년도	2012	2013	2014	2015	TTM
	MIN	0.0		MIN	1.2	EPS	0.73	0.81	0.92	0.71	-0.02
	AVG	16.8		AVG	1.9	ROE	10.2	10.9	11.5	7.8	0.2

PER 밴드

PBR 밴드

종목	중항항공기		업종	산업재				PER	92.9	ROE	4.3
코드	000768.SZ		개요	항공기 생산 및 제품 판매기업(항공기와 항공 부품 설계, 테스트 및 생산사업)				PBR	4.0	ROA	1.6
날짜	2016-10-28							PSR	2.5	D/E	—
PER	MAX	323.3	PBR	MAX	9.2	년도	2012	2013	2014	2015	TTM
	MIN	63.3		MIN	1.6	EPS	0.09	0.13	0.13	0.15	0.24
	AVG	107.6		AVG	3.2	ROE	2.4	3.0	3.0	2.9	4.3

PER 밴드

PBR 밴드

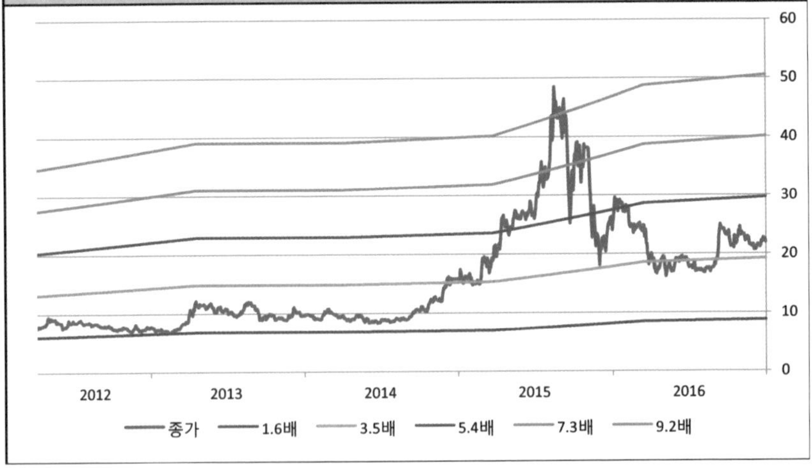

종목	국헌하이테크		업종	산업재				PER	30.2	ROE	30.9
코드	002074.SZ		개요	전력장비 생산업체. 스위치, 스위치박스, 변압기 및 전력계통 부품 생산				PBR	8.4	ROA	13.6
날짜	2016-10-28							PSR	6.5	D/E	0.1
PER	MAX	178.7	PBR	MAX	13.6	년도	2012	2013	2014	2015	TTM
	MIN	19.9		MIN	2.4	EPS	0.15	0.12	0.15	0.80	1.15
	AVG	47.1		AVG	5.9	ROE	8.5	6.4	7.8	33.3	30.9

PER 밴드

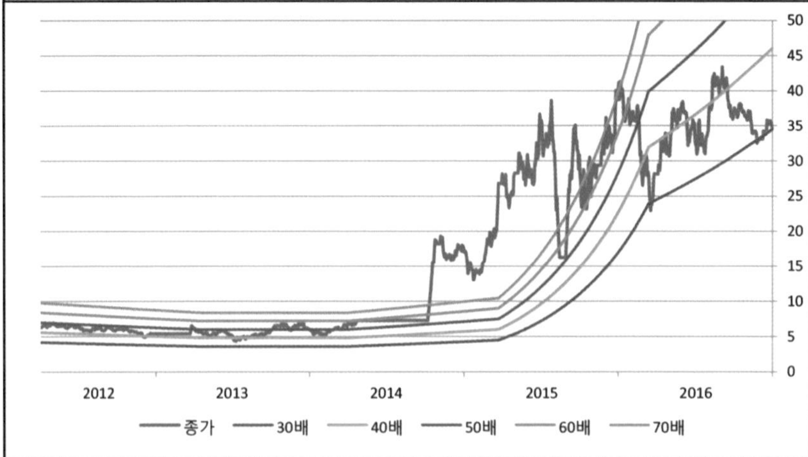

PBR 밴드

종목	이아통		업종	산업재				PER	46.6	ROE	11.7
코드	002183.SZ		개요	중국 최대 공급 네트워크를 보유한 물류 아웃소싱업체				PBR	5.1	ROA	1.8
날짜	2016-10-28							PSR	0.6	D/E	0.5
PER	MAX	76.0	PBR	MAX	8.3	년도	2012	2013	2014	2015	TTM
	MIN	10.4		MIN	0.8	EPS	0.15	0.21	0.32	0.48	0.27
	AVG	29.2		AVG	2.9	ROE	8.9	7.4	9.8	9.7	11.8

PER 밴드

PBR 밴드

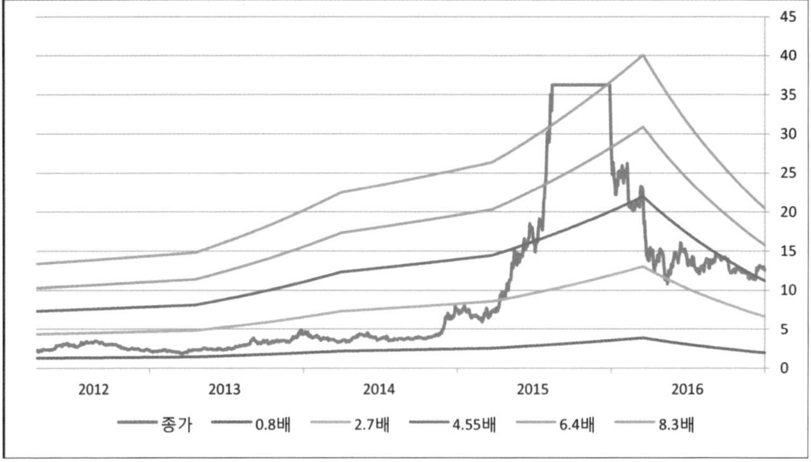

종목	금풍과기	업종	산업재	PER	14.3	ROE	18.6
코드	002202.SZ	개요	풍력과 관련한 전방위적인 사업을 영위하고 있는 세계적인 수준의 풍력발전회사	PBR	2.4	ROA	5.7
날짜	2016-10-28			PSR	1.4	D/E	0.8

PER	MAX	150.5	PBR	MAX	4.3	년도	2012	2013	2014	2015	TTM
	MIN	11.7		MIN	1.0	EPS	0.06	0.16	0.68	1.05	1.05
	AVG	42.1		AVG	2.0	ROE	1.2	3.3	13.0	18.1	18.6

PER 밴드

PBR 밴드

종목	로봇		업종	산업재				PER	58.1	ROE	11.0
코드	300024.SZ		개요	중국의 대표적인 산업용로봇 및 산업 자동화 첨단 장비 제조업체				PBR	6.9	ROA	7.7
날짜	2016-10-28							PSR	13.2	D/E	0.1
PER	MAX	144.8	PBR	MAX	29.0	년도	2012	2013	2014	2015	TTM
	MIN	16.7		MIN	2.5	EPS	0.21	0.25	0.33	0.40	0.41
	AVG	47.7		AVG	8.0	ROE	16.1	16.6	18.4	11.0	11.0

PER 밴드

PBR 밴드

종목	상해국제공항		업종	산업재				PER	20	ROE	13.2
코드	600009.SH		개요	상해 포동공항과 홍교공항을 운영하는 기업				PBR	2.5	ROA	10.5
날짜	2016-10-28							PSR	8.0	D/E	0.1
PER	MAX	30.7	PBR	MAX	3.9	년도	2012	2013	2014	2015	TTM
	MIN	11.2		MIN	1.3	EPS	0.82	0.97	1.09	1.31	1.40
	AVG	16.5		AVG	1.9	ROE	10.2	11.4	11.8	13.1	13.2

PER 밴드

PBR 밴드

종목	상해항만그룹		업종	산업재				PER	18.8	ROE	11.1
코드	600018.SH		개요	중국에서 가장 큰 항만서비스회사. 세계 화물 물동량 2위, 컨테이너 물동량 1위				PBR	2.0	ROA	6.4
날짜	2016-10-28							PSR	4.0	D/E	0.2
PER	MAX	36.7	PBR	MAX	4.2	년도	2012	2013	2014	2015	TTM
	MIN	10.5		MIN	1.1	EPS	0.22	0.23	0.30	0.29	0.28
	AVG	17.8		AVG	2.0	ROE	10.7	10.8	13.0	11.5	11.1

PER 밴드

PBR 밴드

종목	상해전력		업종	산업재				PER	20.3	ROE	12.2
코드	600021.SH		개요	중국전력투자그룹이 최대주주로 있는 대형 발전회사. 전기차충전소 건설 수혜				PBR	2.4	ROA	2.4
날짜	2016-10-28							PSR	1.6	D/E	1.7
PER	MAX	54.7	PBR	MAX	7.5	년도	2012	2013	2014	2015	TTM
	MIN	6.9		MIN	1.1	EPS	0.41	0.53	0.62	0.62	0.58
	AVG	15.2		AVG	2.1	ROE	13.8	15.9	15.0	13.3	12.2

PER 밴드

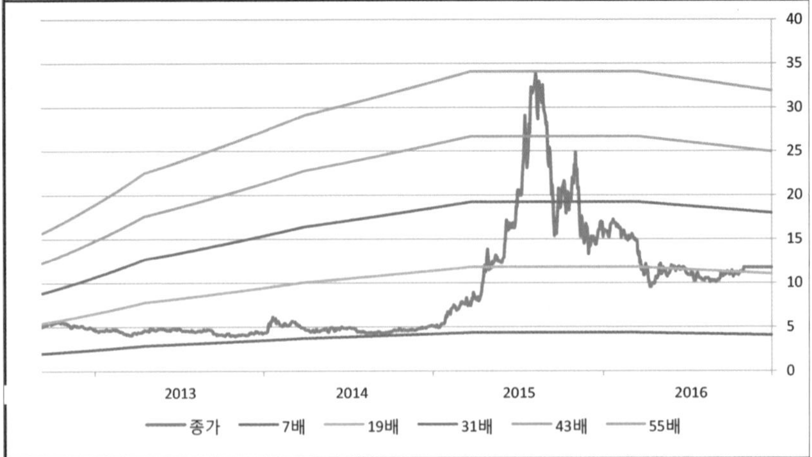

PBR 밴드

종목	중외운항공운수발전		업종	산업재				PER	16.9	ROE	14.3
코드	600270.SH		개요	항공화물운송 대행업체 중 최초 상장기업. 주로 국제노선과 특수노선(마카오, 대만)				PBR	2.4	ROA	12.1
날짜	2016-10-28							PSR	3.6	D/E	—
PER	MAX	34.7	PBR	MAX	5.1	년도	2012	2013	2014	2015	TTM
	MIN	8.6		MIN	1.0	EPS	0.63	0.76	0.68	1.12	1.13
	AVG	15.9		AVG	2.0	ROE	11.2	12.6	10.2	14.6	14.3

PER 밴드

PBR 밴드

종목	국전남서테크놀로지		업종	산업재				PER	22.6	ROE	23.3
코드	600406.SH		개요	국가 전력망 계열사(스마트 그리드, 철로교통, 친환경에너지, 전력전자 등)				PBR	4.9	ROA	11.9
날짜	2016-10-28							PSR	3.4	D/E	—
PER	MAX	55.3	PBR	MAX	10.1	년도	2012	2013	2014	2015	TTM
	MIN	15.4		MIN	3.7	EPS	0.54	0.66	0.53	0.53	0.73
	AVG	25.8		AVG	6.4	ROE	31.0	32.2	19.4	17.1	23.3

PER 밴드

PBR 밴드

종목	항공동력		업종	산업재				PER	92.1	ROE	5.1
코드	600893.SH		개요	대형 및 중형 항공엔진과 대형 군함용 가스터빈 생산회사				PBR	4.6	ROA	1.5
날짜	2016-10-28							PSR	3.3	D/E	0.4
PER	MAX	150.4	PBR	MAX	10.8	년도	2012	2013	2014	2015	TTM
	MIN	0.0		MIN	0.0	EPS	0.27	0.46	0.50	0.53	0.42
	AVG	47.1		AVG	3.3	ROE	7.1	7.6	10.0	7.1	5.1

PER 밴드

PBR 밴드

종목	대진철도		업종	산업재				PER	15.2	ROE	7.5
코드	601006.SH		개요	석탄, 철강, 광석 등의 화물운송 및 여객수송(중국 내 철도 석탄운송 20% 점유)				PBR	1.2	ROA	5.8
날짜	2016-10-28							PSR	2.3	D/E	0.1
PER	MAX	18.9	PBR	MAX	2.4	년도	2012	2013	2014	2015	TTM
	MIN	6.6		MIN	1.1	EPS	0.77	0.85	0.95	0.85	0.45
	AVG	10.3		AVG	1.5	ROE	17.3	17.2	17.6	14.6	7.5

PER 밴드

PBR 밴드

종목	춘추항공		업종	산업재				PER	27.2	ROE	22.4
코드	601021.SH		개요	중국 최대 저가항공사. 저가항공업계 시장점유율 30%				PBR	4.9	ROA	8.9
날짜	2016-10-28							PSR	4.3	D/E	0.8
PER	MAX	42.0	PBR	MAX	8.6	년도	2012	2013	2014	2015	TTM
	MIN	7.8		MIN	0.0	EPS	2.08	2.44	2.95	1.68	1.62
	AVG	11.3		AVG	2.2	ROE	17.3	17.2	17.6	14.6	22.4

PER 밴드

PBR 밴드

종목	중국국제항공		업종	산업재				PER	11.7	ROE	12.0
코드	601111.SH		개요	중국 항공회사 중 최고의 브랜드 가치를 평가받는 항공사. 업계 선두				PBR	1.5	ROA	3.4
날짜	2016-10-28							PSR	0.8	D/E	0.7
PER	MAX	27.9	PBR	MAX	3.3	년도	2012	2013	2014	2015	TTM
	MIN	9.7		MIN	0.7	EPS	0.40	0.27	0.31	0.55	0.63
	AVG	15.1		AVG	1.4	ROE	10.2	6.3	7.0	11.9	12.0

PER 밴드

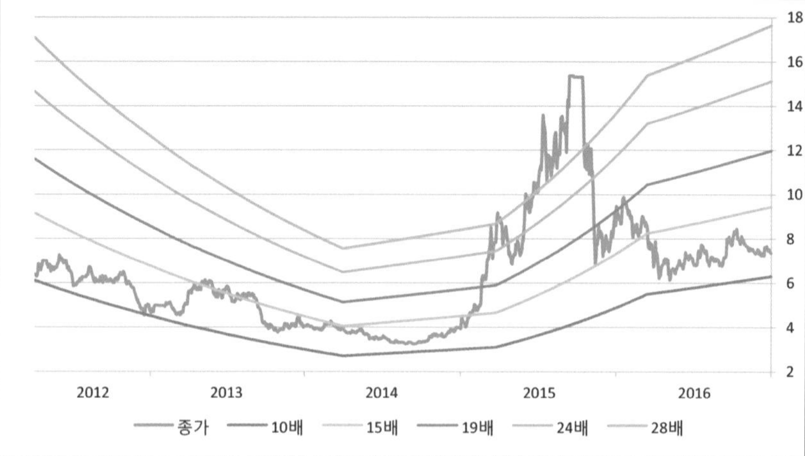

PBR 밴드

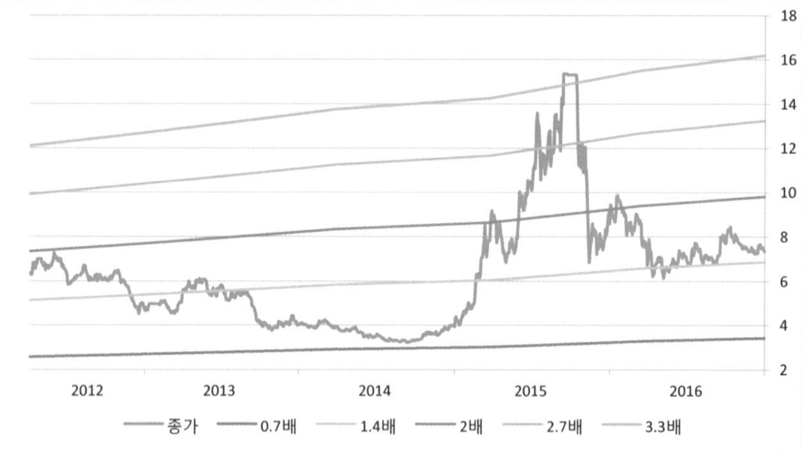

종목	중국건축		업종	산업재				PER	7.2	ROE	18.3
코드	601668.SH		개요	중국 최대 건축 부동산 종합그룹. 일대일로 전략 추진에 따른 인프라투자 수혜주				PBR	1.2	ROA	2.7
날짜	2016-10-28							PSR	0.2	D/E	1.2
PER	MAX	14.4	PBR	MAX	2.2	년도	2012	2013	2014	2015	TTM
	MIN	3.6		MIN	0.6	EPS	0.52	0.67	0.75	0.83	1.01
	AVG	6.1		AVG	1.0	ROE	16.5	18.6	17.6	17.0	18.3

PER 밴드

PBR 밴드

종목	중국중차		업종	산업재				PER	21.4	ROE	12.4
코드	601766.SH		개요	중국 최대 열차 제조기업. 철도 및 도시 철도 운송장비시장의 선도적 업체				PBR	2.6	ROA	3.7
날짜	2016-10-28							PSR	1.0	D/E	0.2
PER	MAX	83.4	PBR	MAX	10.1	년도	2012	2013	2014	2015	TTM
	MIN	10.0		MIN	1.3	EPS	0.30	0.30	0.41	0.43	0.44
	AVG	20.7		AVG	2.6	ROE	14.5	12.0	13.8	17.2	12.4

PER 밴드

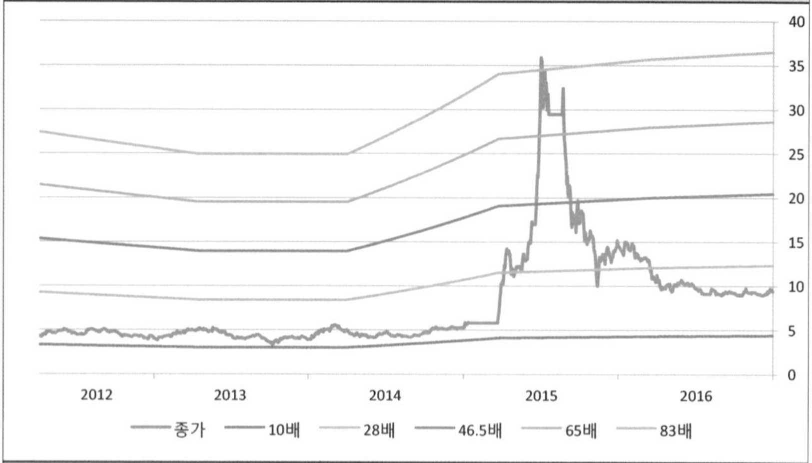

PBR 밴드

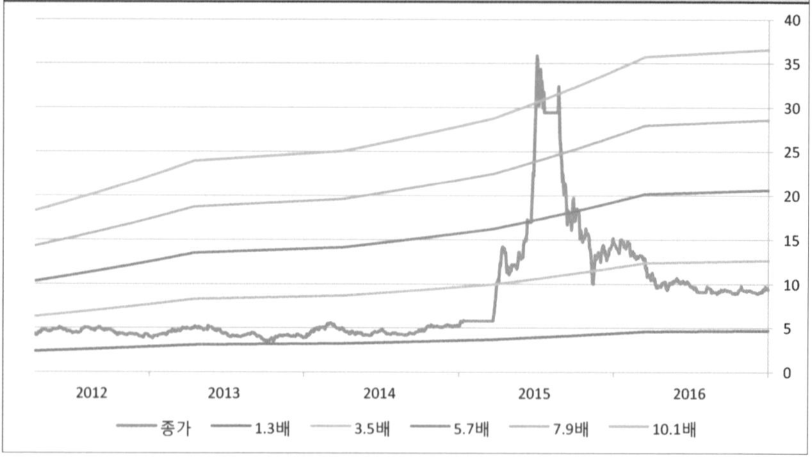

종목	화교성		업종	경기소비재				PER	10.9	ROE	14.3
코드	000069.SZ		개요	중국 최대, 세계 3위의 여행테마기업. '부동산 + 여행 + 문화' 모델을 구축				PBR	1.5	ROA	4.4
날짜	2016-10-28							PSR	1.6	D/E	0.6
PER	MAX	21.6	PBR	MAX	3.4	년도	2012	2013	2014	2015	TTM
	MIN	6.6		MIN	1.2	EPS	0.53	0.61	0.66	0.64	0.64
	AVG	10.7		AVG	1.9	ROE	21.3	20.1	18.4	14.0	14.3

PER 밴드

PBR 밴드

종목	TCL그룹		업종	경기소비재				PER	21.4	ROE	8.3
코드	000100.SZ		개요	대형 가전기업. LCDTV 시장점유율 세계 3위, 스마트폰 출하량 세계 5위				PBR	1.6	ROA	1.6
날짜	2016-10-28							PSR	0.4	D/E	1.1
PER	MAX	35.6	PBR	MAX	3.8	년도	2012	2013	2014	2015	TTM
	MIN	6.4		MIN	1.2	EPS	0.09	0.25	0.35	0.21	0.16
	AVG	17.0		AVG	1.7	ROE	6.9	16.3	19.7	12.1	8.3

PER 밴드

PBR 밴드

종목	메이디그룹		업종	경기소비재				PER	11.8	ROE	27.4
코드	000333.SZ		개요	중국 백색가전 대기업이자, 소형 가전 1위 기업(에어컨, 냉장고, 세탁기 등)				PBR	3.1	ROA	9.0
날짜	2016-10-28							PSR	1.3	D/E	0.1
PER	MAX	13.1	PBR	MAX	3.5	년도	2012	2013	2014	2015	TTM
	MIN	2.0		MIN	0.4	EPS	0.87	1.15	1.66	1.99	2.26
	AVG	7.0		AVG	1.8	ROE	24.3	22.6	29.0	28.7	27.4

PER 밴드

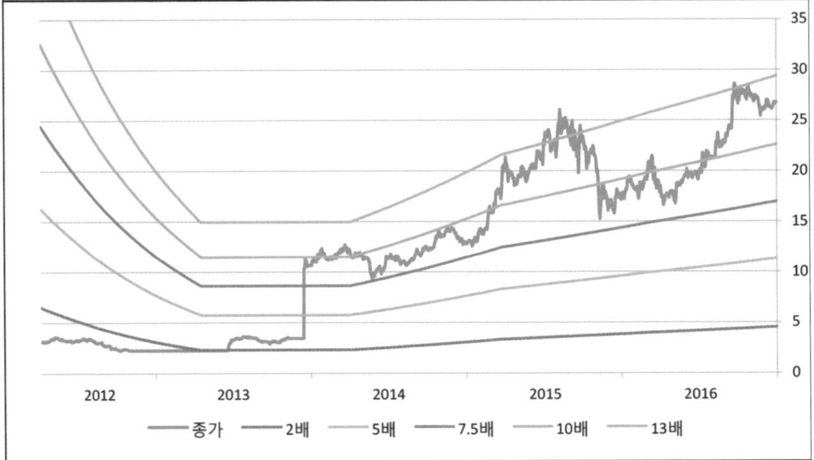

PBR 밴드

종목	장안자동차		업종	경기소비재				PER	6.7	ROE	31.3
코드	000625.SZ		개요	중국 4위의 자동차기업(점유율 11.3%). 중국 최대 '소배기량' 완성차 생산기업				PBR	1.9	ROA	11.8
날짜	2016-10-28							PSR	1.0	D/E	—
PER	MAX	21.5	PBR	MAX	3.9	년도	2012	2013	2014	2015	TTM
	MIN	5.4		MIN	1.2	EPS	0.31	0.72	1.62	2.13	2.34
	AVG	10.8		AVG	2.3	ROE	9.6	20.5	34.1	33.2	31.3

PER 밴드

PBR 밴드

종목	거리전기		업종	경기소비재				PER	9.7	ROE	30.7
코드	000651.SZ		개요	세계 최대 에어컨 전문 제조기업. 향후 전기차기업 인수를 통한 사업 확장 예상				PBR	3.0	ROA	7.9
날짜	2016-10-28							PSR	1.4	D/E	—
PER	MAX	14.8	PBR	MAX	4.1	년도	2012	2013	2014	2015	TTM
	MIN	5.3		MIN	1.9	EPS	1.24	1.80	2.35	2.08	2.30
	AVG	8.0		AVG	2.5	ROE	33.3	35.5	36.0	27.3	30.7

PER 밴드

PBR 밴드

종목	아미산관광		업종	경기소비재				PER	34.2	ROE	10.3
코드	000888.SZ		개요	관광 및 호텔사업 전문업체. 호텔, 레스토랑 및 기타 관광사업 영위				PBR	3.4	ROA	7.7
날짜	2016-10-28							PSR	6.5	D/E	0.1
PER	MAX	50.1	PBR	MAX	5.1	년도	2012	2013	2014	2015	TTM
	MIN	10.3		MIN	1.1	EPS	0.81	0.59	0.72	0.37	0.38
	AVG	21.2		AVG	2.3	ROE	19.3	8.6	11.3	10.7	10.3

PER 밴드

PBR 밴드

종목	호남전광미디어		업종	경기소비재				PER	88.8	ROE	2.4
코드	000917.SZ		개요	종합미디어기업(광고, 영화, TV프로 등). 후난성 200만 명 유선TV 가입자 보유				PBR	2.1	ROA	1.3
날짜	2016-10-28							PSR	3.1	D/E	0.5
PER	MAX	158.9	PBR	MAX	6.5	년도	2012	2013	2014	2015	TTM
	MIN	13.1		MIN	1.8	EPS	0.63	0.48	0.23	0.27	0.18
	AVG	65.3		AVG	3.3	ROE	17.3	7.1	3.5	3.7	2.4

PER 밴드

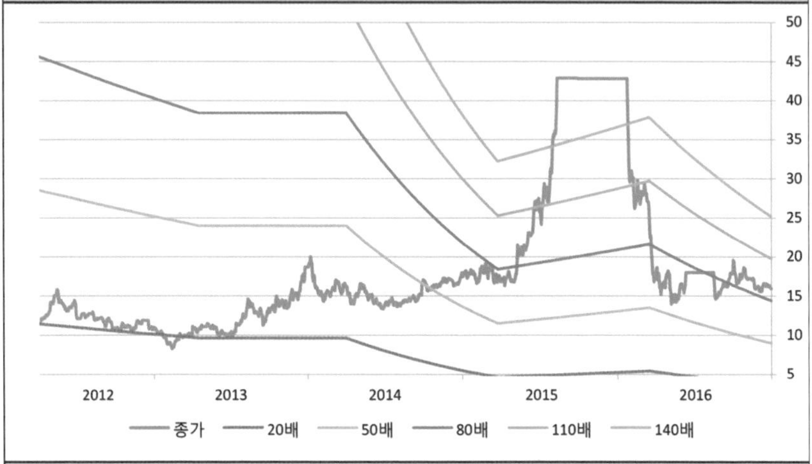

PBR 밴드

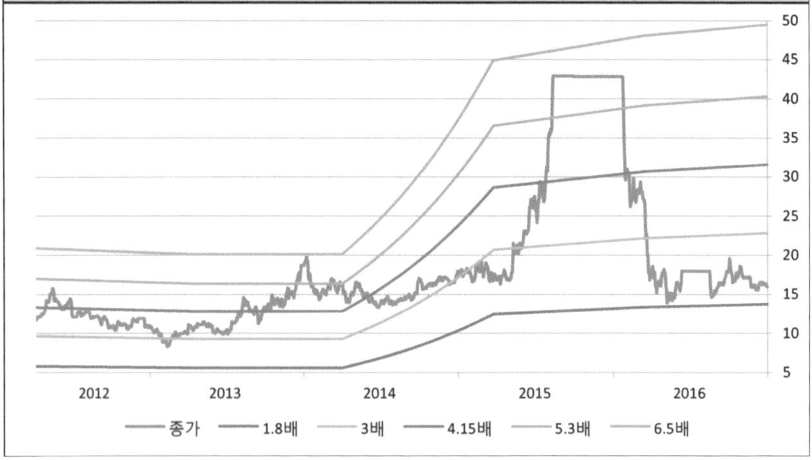

종목	알파애니메이션		업종	경기소비재				PER	66.0	ROE	14.4
코드	002292.SZ		개요	중국 최대 장난감 생산기업. 애니 장난감과 일반 장난감 연구개발, 생산 및 판매				PBR	8.0	ROA	8.6
날짜	2016-10-28							PSR	12.2	D/E	0.1
PER	MAX	138.0	PBR	MAX	23.4	년도	2012	2013	2014	2015	TTM
	MIN	32.2		MIN	4.2	EPS	0.15	0.19	0.34	0.39	0.42
	AVG	61.8		AVG	9.2	ROE	12.7	14.6	20.2	17.6	14.4

PER 밴드

PBR 밴드

종목	선마의류		업종	경기소비재				PER	18.6	ROE	16.7
코드	002563.SZ		개요	중국 아동복에 강점을 가진 종합패션 브랜드. 1가구 2자녀 정책의 수혜 기대				PBR	2.9	ROA	13.2
날짜	2016-10-28							PSR	2.7	D/E	—
PER	MAX	33.0	PBR	MAX	4.8	년도	2012	2013	2014	2015	TTM
	MIN	0.0		MIN	0.0	EPS	1.14	1.35	1.63	0.50	0.56
	AVG	10.4		AVG	1.5	ROE	12.7	14.6	20.2	17.6	16.7

PER 밴드

PBR 밴드

종목	비야디		업종	경기소비재				PER	31.3	ROE	14.7
코드	002594.SZ		개요	중국 최대 전기차 생산기업(시장점유율 33%). 2015년 전기차 판매량 세계 1위				PBR	4.0	ROA	4.1
날짜	2016-10-28							PSR	1.5	D/E	0.2
PER	MAX	678.3	PBR	MAX	7.1	년도	2012	2013	2014	2015	TTM
	MIN	0.0		MIN	0.0	EPS	0.03	0.23	0.18	1.12	1.80
	AVG	155.7		AVG	3.5	ROE	0.4	2.6	1.8	9.7	14.7

PER 밴드

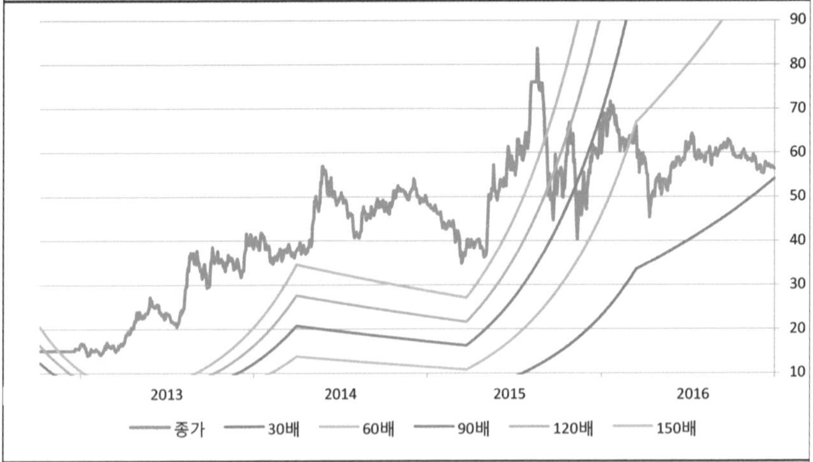

PBR 밴드

종목	완다시네마		업종	경기소비재				PER	37.0	ROE	18.7
코드	002739.SZ		개요	중국 최대 영화관 운영(시장점유율 14%). 종합 엔터테인먼트 사로 성장 예상				PBR	7.7	ROA	12.0
날짜	2016-10-28							PSR	7.0	D/E	0.3
PER	MAX	122.4	PBR	MAX	16.9	년도	2012	2013	2014	2015	TTM
	MIN	10.0		MIN	7.5	EPS	0.78	1.21	1.60	1.07	1.80
	AVG	23.2		AVG	3.7	ROE	12.7	14.6	20.2	17.6	18.7

PER 밴드

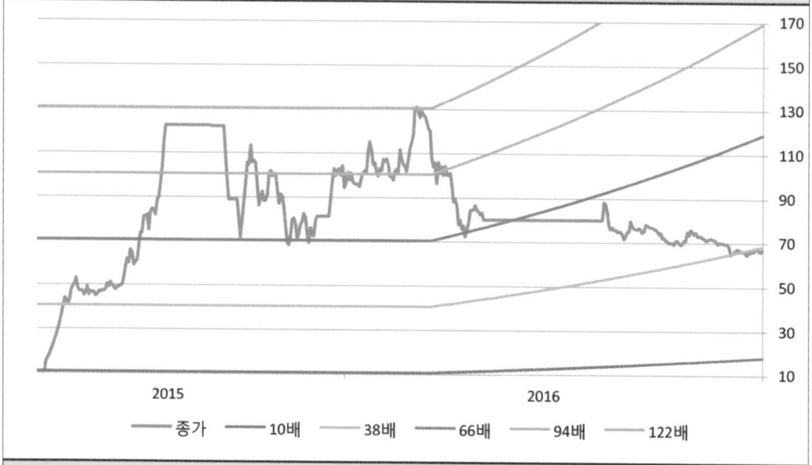

PBR 밴드

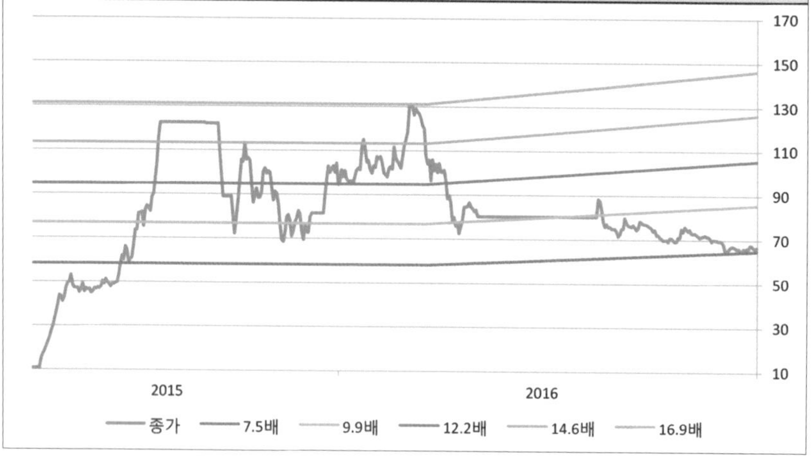

종목	화이형제미디어		업종	경기소비재				PER	35.4	ROE	10.6
코드	300027.SZ		개요	중국 최대 민영 영화제작사. 드라마, 연예 기획사, 음반 등 투자로 사업 확장				PBR	3.7	ROA	5.8
날짜	2016-10-28							PSR	8.7	D/E	0.3
PER	MAX	83.1	PBR	MAX	14.0	년도	2012	2013	2014	2015	TTM
	MIN	19.6		MIN	2.0	EPS	0.10	0.25	0.37	0.38	0.35
	AVG	36.7		AVG	5.3	ROE	12.8	22.0	20.0	13.0	10.6

PER 밴드

PBR 밴드

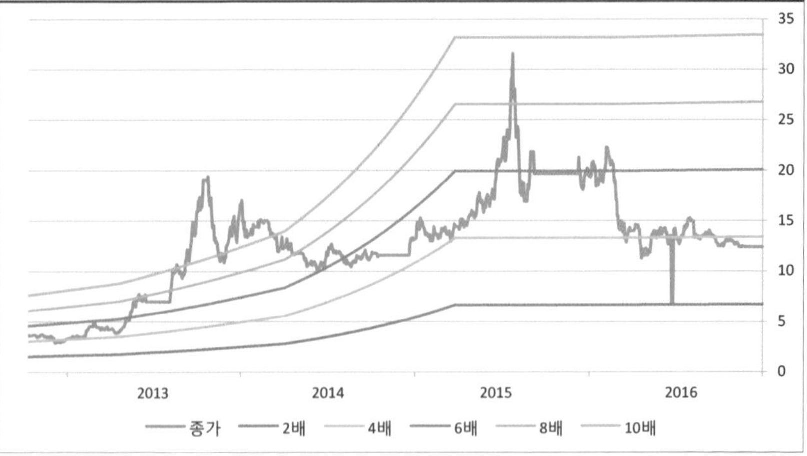

종목	화책미디어		업종	경기소비재				PER	42.0	ROE	10.9
코드	300133.SZ		개요	중국 최대 드라마 제작사. 영화 및 드라마를 비롯한 TV프로그램 제작 등				PBR	3.8	ROA	6.7
날짜	2016-10-28							PSR	6.1	D/E	0.2
PER	MAX	59.3	PBR	MAX	5.5	년도	2012	2013	2014	2015	TTM
	MIN	6.0		MIN	0.9	EPS	0.56	0.45	0.62	0.45	0.32
	AVG	26.7		AVG	2.9	ROE	15.6	15.9	12.7	11.9	10.9

PER 밴드

PBR 밴드

종목	청도해신전기		업종	경기소비재				PER	13.1	ROE	14.2
코드	600060.SH		개요	중국 최대 디지털TV 및 인터넷 단말장치 기업(세계적인 고해상도 디지털TV)				PBR	1.8	ROA	8.1
날짜	2016-10-28							PSR	0.7	D/E	—
PER	MAX	32.5	PBR	MAX	4.3	년도	2012	2013	2014	2015	TTM
	MIN	6.2		MIN	1.1	EPS	1.23	1.21	1.07	1.13	1.30
	AVG	11.8		AVG	1.7	ROE	20.1	17.0	13.5	13.1	14.2

PER 밴드

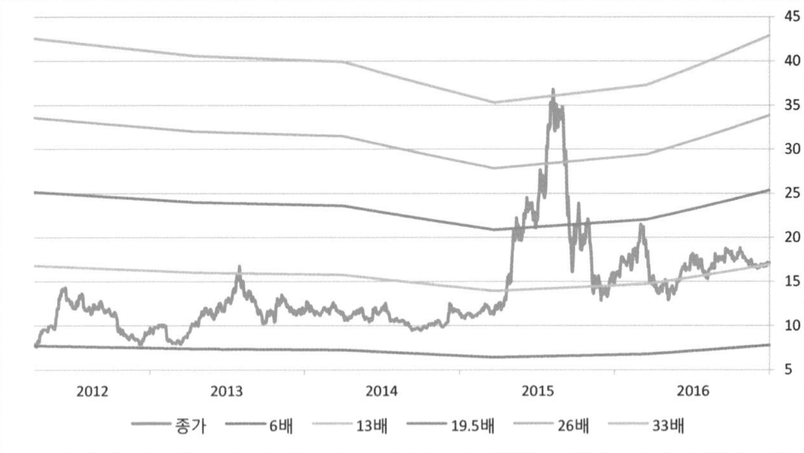

PBR 밴드

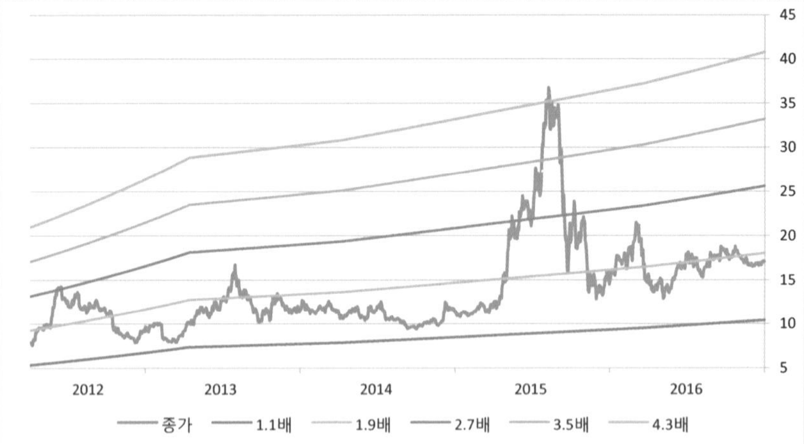

종목	정주우통버스		업종	경기소비재				PER	12.1	ROE	34.3
코드	600066.SH		개요	세계 최대 버스, 신에너지버스 생산기업. 중국 내 버스산업 시장점유율 26%				PBR	4.0	ROA	14.8
날짜	2016-10-28							PSR	1.4	D/E	—
PER	MAX	15.3	PBR	MAX	4.9	년도	2012	2013	2014	2015	TTM
	MIN	8.2		MIN	1.9	EPS	0.85	1.02	1.18	1.60	1.79
	AVG	10.8		AVG	3.0	ROE	29.1	22.7	26.7	29.9	34.3

PER 밴드

PBR 밴드

종목	상해자동차		업종	경기소비재				PER	8.2	ROE	18.3
코드	600104.SH		개요	중국의 3대 국유 자동차기업. 중국 내 독보적인 시장점유율(24.5%)				PBR	1.5	ROA	6.2
날짜	2016-10-28							PSR	0.4	D/E	0.1
PER	MAX	10.5	PBR	MAX	1.9	년도	2012	2013	2014	2015	TTM
	MIN	4.9		MIN	0.9	EPS	1.88	2.25	2.53	2.70	2.87
	AVG	7.2		AVG	1.3	ROE	18.5	19.1	18.9	17.9	18.3

PER 밴드

PBR 밴드

종목	중청려홀딩스		업종	경기소비재				PER	37.7	ROE	9.4
코드	600138.SH		개요	관광지 운영 및 여행업을 주력으로 하는 중국 대표 여행업체				PBR	3.4	ROA	4.6
날짜	2016-10-28							PSR	1.6	D/E	—
PER	MAX	72.6	PBR	MAX	4.7	년도	2012	2013	2014	2015	TTM
	MIN	18.9		MIN	1.8	EPS	0.47	0.39	0.53	0.41	0.62
	AVG	32.6		AVG	2.6	ROE	10.9	11.1	9.9	6.5	9.4

PER 밴드

PBR 밴드

종목	Youngor그룹	업종	경기소비재	PER	7.8	ROE	21.8
코드	600177.SH	개요	중국 최대 의류 생산기업. 중국 패션 의류업계의 선두업체	PBR	1.6	ROA	8.2
날짜	2016-10-28			PSR	2.3	D/E	0.8

PER	MAX	15.8	PBR	MAX	3.0	년도	2012	2013	2014	2015	TTM
	MIN	4.5		MIN	0.9	EPS	0.72	0.61	1.42	1.96	1.87
	AVG	9.2		AVG	1.5	ROE	12.3	9.7	20.8	23.8	21.8

PER 밴드

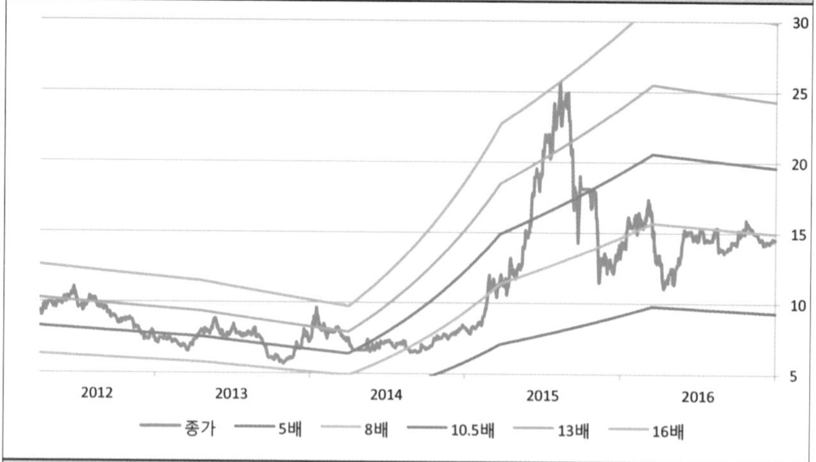

PBR 밴드

종목	안기효모		업종	경기소비재				PER	30.5	ROE	15.1
코드	600298.SH		개요	아시아 1위, 글로벌 3위의 효모 생산 기업. 중국 내 시장점유율 50%				PBR	4.3	ROA	7.4
날짜	2016-10-28							PSR	3.1	D/E	0.1
PER	MAX	48.7	PBR	MAX	4.7	년도	2012	2013	2014	2015	TTM
	MIN	16.6		MIN	1.5	EPS	0.30	0.18	0.18	0.34	0.56
	AVG	33.4		AVG	2.7	ROE	9.4	5.4	5.3	9.6	15.1

PER 밴드

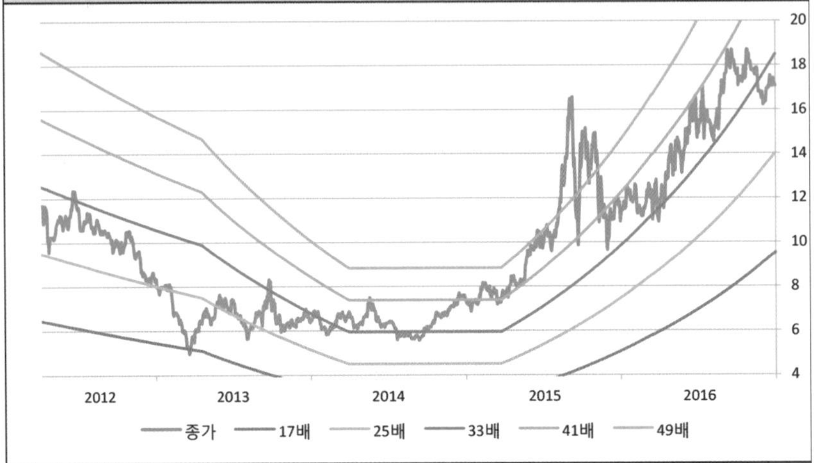

PBR 밴드

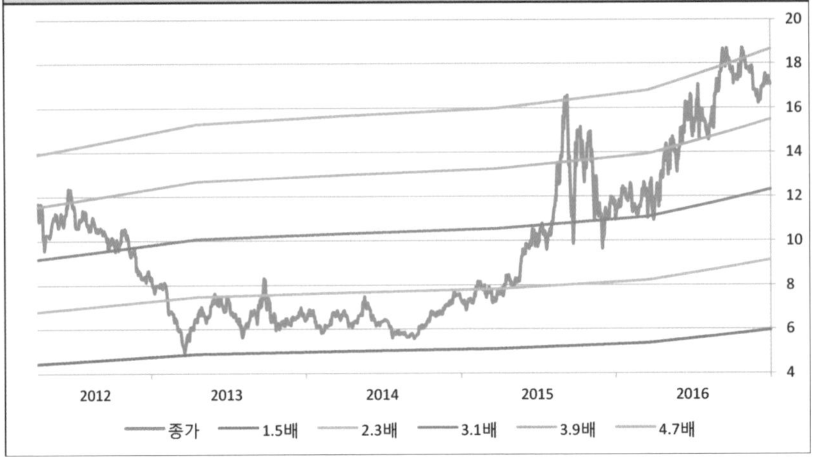

종목	상해가화연합		업종	경기소비재				PER	9.7	ROE	37.7
코드	600315.SH		개요	중국 대표 생활용품 및 화장품개발, 생산, 판매업체. 6개 주요 브랜드 보유				PBR	3.3	ROA	25.5
날짜	2016-10-28							PSR	3.3	D/E	—
PER	MAX	48.2	PBR	MAX	12.2	년도	2012	2013	2014	2015	TTM
	MIN	9.7		MIN	3.3	EPS	0.95	1.19	1.34	3.30	2.76
	AVG	23.5		AVG	6.6	ROE	27.5	26.5	25.2	46.4	37.7

PER 밴드

PBR 밴드

종목	하이란홈	업종	경기소비재	PER	16.0	ROE	39.3
코드	600398.SH	개요	중국판 유니클로, 중국 내 남성 캐주얼 시장점유율 1위기업	PBR	5.8	ROA	15.0
날짜	2016-10-28			PSR	3.0	D/E	—

PER			PBR			년도	2012	2013	2014	2015	TTM
	MAX	30.2		MAX	11.7						
	MIN	8.5		MIN	0.9	EPS	0.16	0.35	0.54	0.66	0.69
	AVG	18.6		AVG	4.7	ROE	5.2	6.7	51.6	38.5	39.3

PER 밴드

PBR 밴드

종목	동방명주		업종	경기소비재				PER	17.1	ROE	10.5
코드	600637.SH		개요	IPTV, 인터넷TV(OTT), 스마트TV, 모바일TV 등 채널 운영기업				PBR	2.5	ROA	7.3
날짜	2016-10-28							PSR	2.5	D/E	—
PER	MAX	85.8	PBR	MAX	16.3	년도	2012	2013	2014	2015	TTM
	MIN	15.0		MIN	2.4	EPS	0.46	0.61	2.07	1.53	1.40
	AVG	28.6		AVG	6.1	ROE	18.2	19.9	19.2	19.7	10.5

PER 밴드

PBR 밴드

종목	복요유리		업종	경기소비재				PER	14.8	ROE	18.3
코드	600660.SH		개요	자동차 유리 전문 제조사. 중국 1위, 세계 2위로 중국 전역에 생산공장 보유				PBR	2.7	ROA	11.1
날짜	2016-10-28							PSR	3.0	D/E	0.1
PER	MAX	16.5	PBR	MAX	3.2	년도	2012	2013	2014	2015	TTM
	MIN	6.6		MIN	1.7	EPS	0.76	0.96	1.11	1.10	1.18
	AVG	10.6		AVG	2.3	ROE	23.1	25.9	26.7	20.7	18.3

PER 밴드

PBR 밴드

종목	청도하이얼		업종	경기소비재				PER	12.8	ROE	19.4
코드	600690.SH		개요	세계적인 백색가전업체. 대형 가전 시장점유율 세계 1위				PBR	2.4	ROA	5.0
날짜	2016-10-28							PSR	0.7	D/E	0.8
PER	MAX	22.6	PBR	MAX	4.0	년도	2012	2013	2014	2015	TTM
	MIN	6.9		MIN	1.8	EPS	0.61	0.77	0.93	0.70	0.80
	AVG	10.9		AVG	2.6	ROE	33.6	32.6	27.5	19.3	19.4

PER 밴드

PBR 밴드

종목	균승전자		업종	경기소비재				PER	43.2	ROE	14.1
코드	600699.SH		개요	세계적인 자동차 전자부품 생산기업. 신에너지차 배터리 관리 시스템 등				PBR	5.8	ROA	2.7
날짜	2016-10-28							PSR	2.3	D/E	2.2
PER	MAX	93.6	PBR	MAX	10.6	년도	2012	2013	2014	2015	TTM
	MIN	18.2		MIN	2.5	EPS	0.36	0.47	0.55	0.61	0.78
	AVG	37.8		AVG	4.9	ROE	18.5	14.6	14.7	12.9	14.1

PER 밴드

PBR 밴드

종목	화역자동차시스템		업종	경기소비재				PER	8.6	ROE	17.1
코드	600741.SH		개요	중국 최대 자동차 부품 제조업체. 모그룹 상해차에 독점 공급				PBR	1.4	ROA	6.1
날짜	2016-10-28							PSR	0.4	D/E	0.1
PER	MAX	13.6	PBR	MAX	2.6	년도	2012	2013	2014	2015	TTM
	MIN	4.9		MIN	0.9	EPS	1.20	1.33	1.73	1.85	1.88
	AVG	7.8		AVG	1.4	ROE	17.3	18.3	21.1	18.8	17.1

PER 밴드

PBR 밴드

종목	상해금강국제호텔		업종	경기소비재				PER	37.5	ROE	7.9
코드	600754.SH		개요	중국 최대, 세계 5위권 호텔체인그룹. 전 세계 55개국, 6,000개 호텔 운영				PBR	3.7	ROA	1.9
날짜	2016-10-28							PSR	3.3	D/E	1.5
PER	MAX	70.4	PBR	MAX	5.8	년도	2012	2013	2014	2015	TTM
	MIN	17.5		MIN	1.7	EPS	0.61	0.63	0.79	0.79	0.82
	AVG	31.0		AVG	3.0	ROE	9.0	8.8	7.5	7.5	7.9

PER 밴드

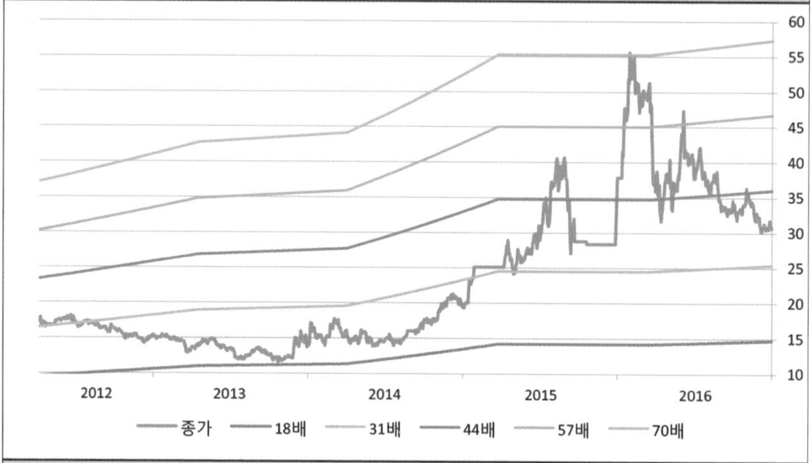

PBR 밴드

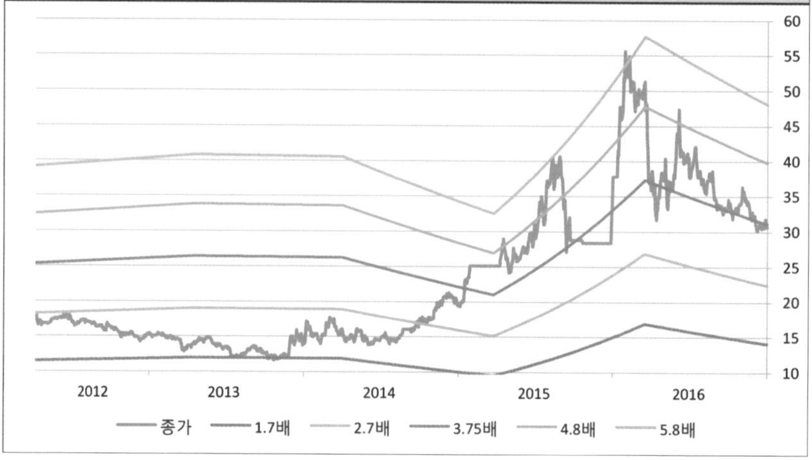

종목	중남미디어		**업종**	경기소비재				**PER**	18.7	**ROE**	15.4
코드	601098.SH		**개요**	중국의 대표적인 미디어, 출판기업. 매출의 70%가 교과서 발행사업				**PBR**	2.7	**ROA**	10.4
날짜	2016-10-28							**PSR**	3.1	**D/E**	—
PER	MAX	34.7	**PBR**	MAX	5.1	**년도**	2012	2013	2014	2015	TTM
	MIN	12.9		MIN	1.6	**EPS**	0.52	0.62	0.82	0.94	0.97
	AVG	19.1		AVG	2.5	**ROE**	11.7	12.6	15.1	15.6	15.4

PER 밴드

PBR 밴드

종목	장성자동차		업종	경기소비재				PER	11.7	ROE	21.4
코드	601633.SH		개요	중국 최대 SUV 전문 생산기업(SUV, 픽업트럭, 세단 설계 및 R&D 등)				PBR	2.3	ROA	12.4
날짜	2016-10-28							PSR	1.2	D/E	—
PER	MAX	21.9	PBR	MAX	5.2	년도	2012	2013	2014	2015	TTM
	MIN	6.3		MIN	1.3	EPS	0.62	0.90	0.88	0.88	0.90
	AVG	12.2		AVG	2.7	ROE	29.8	33.2	26.2	22.5	21.4

PER 밴드

PBR 밴드

종목	중국국제여행사		업종	경기소비재				PER	26.6	ROE	14.2
코드	601888.SH		개요	여행사와 면세점을 동시에 운영하는 종합 여행사(중국 내 면세점 점유율 40%)				PBR	3.7	ROA	9.8
날짜	2016-10-28							PSR	2.0	D/E	—
PER	MAX	48.3	PBR	MAX	6.6	년도	2012	2013	2014	2015	TTM
	MIN	19.1		MIN	3.0	EPS	1.14	1.41	1.51	1.54	1.69
	AVG	26.7		AVG	4.0	ROE	19.6	17.7	15.4	14.2	14.2

PER 밴드

PBR 밴드

종목	신주렌터카		업종	경기소비재			PER	11.5	ROE	29.3
코드	00699.HK		개요	중국 내 최대 규모의 전국적인 대형 렌터카 체인업체			PBR	2.0	ROA	12.6
날짜	2016-10-28						PSR	3.0	D/E	0.9
PER	MAX	46.3	PBR	MAX	3.0	년도	2012	2013	2014	2015	TTM
	MIN	10.6		MIN	1.4	EPS	0.63	0.48	0.27	0.70	0.69
	AVG	8.8		AVG	0.9	ROE	17.3	7.1	7.8	19.7	29.3

PER 밴드

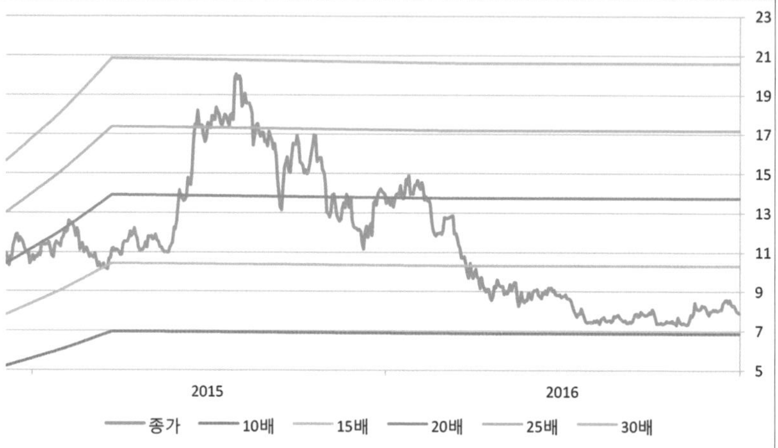

PBR 밴드

종목	오량액		업종	필수소비재				PER	20.1	ROE	15.3
코드	000858.SZ		개요	마오타이에 버금가는 중국 명주로 대표 브랜드인 우량예 등을 생산하는 기업				PBR	3.0	ROA	12.3
날짜	2016-10-28							PSR	5.5	D/E	—
PER	MAX	21.6	PBR	MAX	4.7	년도	2012	2013	2014	2015	TTM
	MIN	7.0		MIN	1.4	EPS	2.61	2.10	1.53	1.63	1.76
	AVG	13.2		AVG	2.6	ROE	36.6	23.7	15.5	14.9	15.3

PER 밴드

PBR 밴드

종목	사천신희망농업		업종	필수소비재				PER	42.7	ROE	13.0
코드	000876.SZ		개요	중국 서부 지역 최대 규모의 사료 생산 민영기업(사료, 양식, 유제품 등)				PBR	1.7	ROA	7.0
날짜	2016-10-28							PSR	0.7	D/E	—
PER	MAX	48.4	PBR	MAX	3.0	년도	2012	2013	2014	2015	TTM
	MIN	8.0		MIN	1.2	EPS	0.49	0.55	0.55	0.53	0.19
	AVG	18.7		AVG	1.9	ROE	16.4	15.7	13.2	12.0	13.0

PER 밴드

PBR 밴드

종목	양하양조		업종	필수소비재				PER	18.3	ROE	24.4
코드	002304.SZ		개요	중국 바이주업계에서 가장 뛰어난 영업망을 구축한 기업				PBR	4.2	ROA	17.1
날짜	2016-10-28							PSR	6.2	D/E	—
PER	MAX	26.4	PBR	MAX	11.1	년도	2012	2013	2014	2015	TTM
	MIN	7.9		MIN	2.1	EPS	4.07	3.31	2.99	3.56	3.81
	AVG	16.4		AVG	4.9	ROE	50.1	31.2	24.3	25.2	24.4

PER 밴드

PBR 밴드

종목	대북농		업종	필수소비재				PER	32.5	ROE	11.8
코드	002385.SZ		개요	중국 최대 규모, 최다 종류의 혼합사료 생산기업(혼합사료, 농축사료 등)				PBR	3.4	ROA	7.0
날짜	2016-10-28							PSR	1.8	D/E	0.1
PER	MAX	72.2	PBR	MAX	9.2	년도	2012	2013	2014	2015	TTM
	MIN	15.9		MIN	2.7	EPS	0.19	0.21	0.21	0.19	0.23
	AVG	31.4		AVG	4.4	ROE	17.9	16.9	14.6	9.7	11.8

PER 밴드

PBR 밴드

종목	귀주모태주		업종	필수소비재				PER	24.1	ROE	26.0
코드	600519.SH		개요	중국 고급 바이주 1위기업. 오랜 역사를 지닌 '국주(國酒)'				PBR	6.1	ROA	19.6
날짜	2016-10-28							PSR	11.1	D/E	—
PER	MAX	24.7	PBR	MAX	7.6	년도	2012	2013	2014	2015	TTM
	MIN	7.7		MIN	2.4	EPS	10.60	12.05	12.22	12.34	13.17
	AVG	14.8		AVG	4.7	ROE	45.0	39.4	32.0	26.4	26.0

PER 밴드

PBR 밴드

종목	내몽고이리실업그룹		업종	필수소비재				PER	20.0	ROE	26.4
코드	600887.SH		개요	중국 최대 유제품기업. 주력 사업은 우유, 청량음료, 분유, 요거트, 원유 등				PBR	5.3	ROA	14.0
날짜	2016-10-28							PSR	1.8	D/E	—
PER	MAX	29.8	PBR	MAX	6.8	년도	2012	2013	2014	2015	TTM
	MIN	13.0		MIN	2.8	EPS	0.33	0.55	0.68	0.76	0.89
	AVG	19.5		AVG	4.5	ROE	25.7	27.2	23.9	24.0	26.4

PER 밴드

PBR 밴드

종목	영휘마트		업종	필수소비재				PER	44.9	ROE	6.1
코드	601933.SH		개요	중국 대형 할인마트 체인 운영업체. 농산물, 신선식품 유통 분야 선두기업				PBR	3.5	ROA	3.8
날짜	2016-10-28							PSR	0.8	D/E	—
PER	MAX	50.2	PBR	MAX	3.8	년도	2012	2013	2014	2015	TTM
	MIN	3.7		MIN	0.4	EPS	0.65	0.46	0.26	0.16	0.10
	AVG	19.3		AVG	1.6	ROE	11.8	14.5	13.9	5.7	6.1

PER 밴드

PBR 밴드

종목	혜천미업	업종	필수소비재	PER	30.8	ROE	32.9
코드	603288.SH	개요	중국 최대 조미료 생산 전문기업. 간장, 굴소스, 식초, 양념장, 닭고기 등	PBR	9.7	ROA	26.9
날짜	2016-10-28			PSR	7.1	D/E	—

PER	MAX	41.4	PBR	MAX	11.9	년도	2012	2013	2014	2015	TTM
	MIN	12.6		MIN	3.5	EPS	1.70	2.26	1.40	0.93	1.01
	AVG	14.8		AVG	4.4	ROE	38.0	45.0	33.0	32.0	32.9

PER 밴드

PBR 밴드

종목	산동동아아교		업종	건강관리				PER	22.1	ROE	24.0
코드	000423.SZ		개요	중국 최대 아교 생산기업. 업계 내 가격결정권을 보유한 의약품회사				PBR	5.2	ROA	19.9
날짜	2016-10-28							PSR	6.8	D/E	—
PER	MAX	29.7	PBR	MAX	7.7	년도	2012	2013	2014	2015	TTM
	MIN	14.6		MIN	3.6	EPS	1.59	1.84	2.09	2.48	2.63
	AVG	20.8		AVG	5.2	ROE	27.1	26.0	25.0	25.1	24.0

PER 밴드

PBR 밴드

종목	백약그룹		**업종**	건강관리				**PER**	24.1	**ROE**	21.4
코드	000538.SZ		**개요**	중국의 유명한 중의약 및 한방 생활 용품 제조기업				**PBR**	5.1	**ROA**	14.4
날짜	2016-10-28							**PSR**	3.3	**D/E**	0.1
PER	MAX	34.9	**PBR**	MAX	9.6	**년도**	2012	2013	2014	2015	TTM
	MIN	19.2		MIN	4.1	**EPS**	1.52	2.23	2.41	2.66	2.87
	AVG	25.0		AVG	5.9	**ROE**	25.2	28.9	24.8	22.5	21.4

PER 밴드

PBR 밴드

종목	길림오동제약그룹		업종	건강관리				PER	12.8	ROE	10.8
코드	000623.SZ		개요	중의약 선두기업. 약품 생산, 판매 및 연구개발을 모두 영위하는 지주회사				PBR	1.4	ROA	9.6
날짜	2016-10-28							PSR	9.4	D/E	—
PER	MAX	28.2	PBR	MAX	2.8	년도	2012	2013	2014	2015	TTM
	MIN	7.6		MIN	1.1	EPS	0.72	1.18	1.58	2.90	2.09
	AVG	14.8		AVG	1.5	ROE	6.9	10.5	12.2	17.3	10.8

PER 밴드

PBR 밴드

종목	화동의약		업종	건강관리				PER	25.3	ROE	27.8
코드	000963.SZ		개요	절강성 1위 제약사. LG생명과학의 필러 중국 내 독점 판권 보유 회사				PBR	5.0	ROA	10.7
날짜	2016-10-28							PSR	1.4	D/E	0.1
PER	MAX	36.0	PBR	MAX	13.6	년도	2012	2013	2014	2015	TTM
	MIN	20.1		MIN	4.2	EPS	1.08	1.32	1.74	2.53	2.88
	AVG	28.3		AVG	8.2	ROE	26.6	25.2	31.3	41.9	27.8

PER 밴드

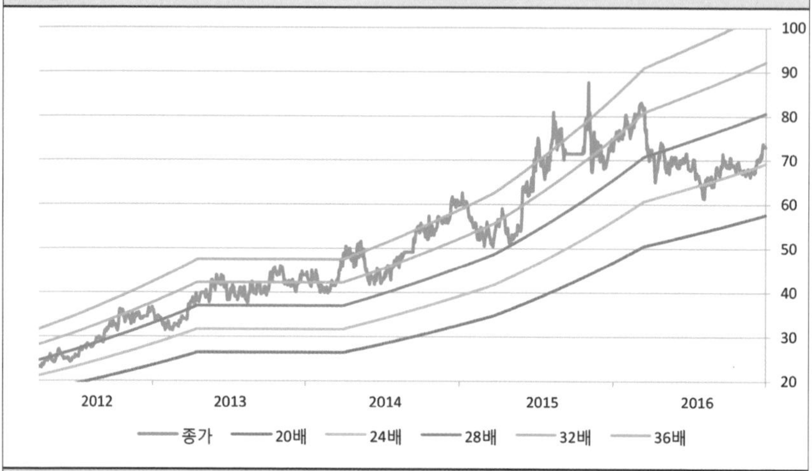

PBR 밴드

종목	화란바이오		업종	건강관리				PER	45.8	ROE	19.5
코드	002007.SZ		개요	중국 2위 혈액제제 생산기업. 아시아 최고 수준의 혈장 처리 기술				PBR	8.3	ROA	17.6
날짜	2016-10-28							PSR	19.0	D/E	—
PER	MAX	65.7	PBR	MAX	10.9	년도	2012	2013	2014	2015	TTM
	MIN	25.0		MIN	4.0	EPS	0.33	0.51	0.58	0.63	0.79
	AVG	38.1		AVG	5.9	ROE	12.1	16.8	16.6	16.7	19.5

PER 밴드

PBR 밴드

종목	상해래시		**업종**	건강관리				**PER**	72.7	**ROE**	13.7
코드	002252.SZ		**개요**	중국의 혈액제제 생산 대표기업. 혈장 채취량 중국 1위				**PBR**	9.2	**ROA**	12.5
날짜	2016-10-28							**PSR**	51.2	**D/E**	—
PER	MAX	115.5	**PBR**	MAX	23.5	**년도**	2012	2013	2014	2015	TTM
	MIN	23.6		MIN	5.9	**EPS**	0.06	0.08	0.12	0.29	0.30
	AVG	56.9		AVG	9.6	**ROE**	23.5	13.8	10.5	15.0	13.7

PER 밴드

PBR 밴드

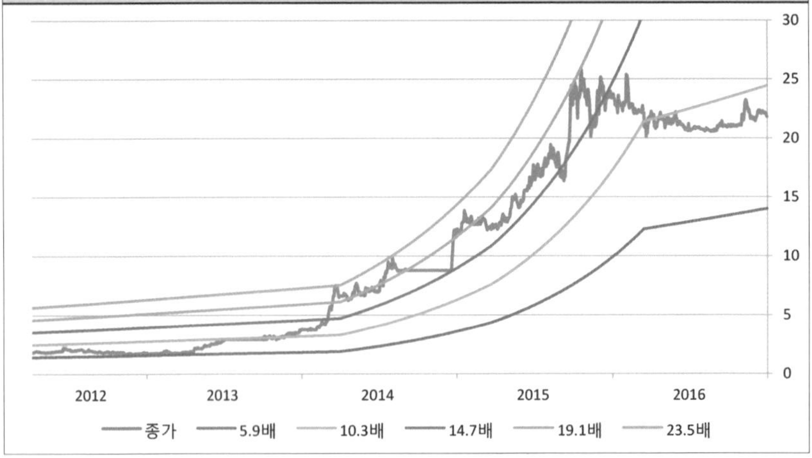

종목	신립태제약		업종	건강관리				PER	22.6	ROE	29.8
코드	002294.SZ		개요	중국 내 주요한 심뇌혈관 치료제 생산 기업. 면역력 조절약물과 항암제 등				PBR	6.2	ROA	24.2
날짜	2016-10-28							PSR	8.4	D/E	—
PER	MAX	31.7	PBR	MAX	9.3	년도	2012	2013	2014	2015	TTM
	MIN	12.3		MIN	3.0	EPS	0.61	0.79	1.00	1.21	1.31
	AVG	21.5		AVG	6.1	ROE	26.8	29.0	30.2	30.3	29.8

PER 밴드

PBR 밴드

종목	애인안과		업종	건강관리				PER	63.6	ROE	21.6
코드	300015.SZ		개요	중국 최대 안과 체인 운영. 병원 사업의 급격한 확장을 통해 가파른 성장 기록				PBR	12.9	ROA	15.5
날짜	2016-10-28							PSR	8.9	D/E	0.1
PER	MAX	92.3	PBR	MAX	16.7	년도	2012	2013	2014	2015	TTM
	MIN	33.2		MIN	4.0	EPS	0.19	0.23	0.32	0.43	0.53
	AVG	55.5		AVG	9.0	ROE	12.8	14.1	16.8	19.4	21.6

PER 밴드

PBR 밴드

종목	북경동인당		업종	건강관리				PER	44.8	ROE	13.5
코드	600085.SH		개요	중국 내 정통 중약 제조 선두기업. 판매 승인, 허가를 받은 제품 800개				PBR	5.9	ROA	6.3
날짜	2016-10-28							PSR	3.8	D/E	—
PER	MAX	69.7	PBR	MAX	8.9	년도	2012	2013	2014	2015	TTM
	MIN	29.4		MIN	4.0	EPS	0.44	0.48	0.56	0.64	0.71
	AVG	40.4		AVG	5.4	ROE	15.3	14.6	14.5	13.9	13.5

PER 밴드

PBR 밴드

종목	복성제약		업종	건강관리				PER	20.0	ROE	14.6
코드	600196.SH		개요	상해 최대 의약품 제조 및 판매기업. 바이오약품, 중의약, 헬스케어 등				PBR	2.9	ROA	6.9
날짜	2016-10-28							PSR	4.0	D/E	0.3
PER	MAX	36.1	PBR	MAX	5.0	년도	2012	2013	2014	2015	TTM
	MIN	10.1		MIN	1.3	EPS	0.80	0.71	0.92	1.06	1.18
	AVG	18.8		AVG	2.4	ROE	13.4	14.0	13.2	14.1	14.6

PER 밴드

PBR 밴드

종목	항서제약		업종	건강관리				PER	42.9	ROE	24.3
코드	600276.SH		개요	중국 최대 항암제 생산기업. 항암제, 마취제, 내분비 치료제, 심혈관제 등				PBR	9.8	ROA	21.1
날짜	2016-10-28							PSR	10.6	D/E	—
PER	MAX	47.8	PBR	MAX	11.1	년도	2012	2013	2014	2015	TTM
	MIN	26.6		MIN	6.1	EPS	0.46	0.53	0.65	0.93	1.08
	AVG	37.9		AVG	8.1	ROE	22.8	21.4	21.2	24.3	24.3

PER 밴드

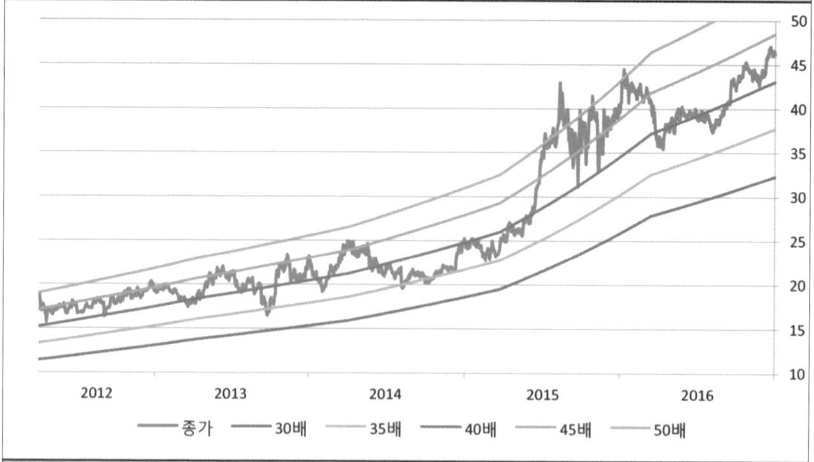

PBR 밴드

종목	국약그룹		업종	건강관리				PER	27.8	ROE	17.9
코드	600511.SH		개요	중국 최대 의약품 유통기업. 제약, 유통 및 마취제와 고가 전문의약품 취급				PBR	4.5	ROA	8.6
날짜	2016-10-28							PSR	1.2	D/E	—
PER	MAX	52.0	PBR	MAX	9.4	년도	2012	2013	2014	2015	TTM
	MIN	15.3		MIN	2.9	EPS	0.70	0.86	1.01	1.07	1.16
	AVG	24.2		AVG	4.5	ROE	20.5	21.1	21.0	18.6	17.9

PER 밴드

PBR 밴드

종목	절강화해제약		업종	건강관리				PER	53.0	ROE	12.9
코드	600521.SH		개요	중국 최초 미국 FDA 인증을 받은 원료약 및 완제약 생산기업				PBR	6.8	ROA	8.4
날짜	2016-10-28							PSR	6.8	D/E	—
PER	MAX	57.9	PBR	MAX	7.4	년도	2012	2013	2014	2015	TTM
	MIN	14.8		MIN	2.3	EPS	0.37	0.37	0.26	0.43	0.48
	AVG	33.9		AVG	4.2	ROE	19.7	14.5	8.5	13.0	12.9

PER 밴드

PBR 밴드

종목	천진천사력제약		업종	건강관리				PER	34.8	ROE	16.6
코드	600535.SH		개요	중국 중약 대표기업. 심혈관 분야 우세 기업이며, 중국 최대 환약 생산기업				PBR	5.5	ROA	8.2
날짜	2016-10-28							PSR	3.3	D/E	0.1
PER	MAX	46.9	PBR	MAX	14.1	년도	2012	2013	2014	2015	TTM
	MIN	20.9		MIN	4.3	EPS	0.82	1.06	1.32	1.38	1.17
	AVG	31.5		AVG	7.5	ROE	20.2	28.1	31.6	24.0	16.6

PER 밴드

PBR 밴드

종목	평안은행		업종	금융				PER	6.9	ROE	12.9
코드	000001.SZ		개요	종합금융 대표인 중국평안보험 산하 은행. 평안보험과 교차판매를 통한 경쟁력				PBR	0.8	ROA	0.9
날짜	2016-10-28							PSR	1.5	D/E	1.7
PER	MAX	12.5	PBR	MAX	2.3	년도	2012	2013	2014	2015	TTM
	MIN	4.6		MIN	0.7	EPS	0.95	1.08	1.20	1.30	1.33
	AVG	7.5		AVG	1.2	ROE	17.0	15.5	16.3	15.0	12.9

PER 밴드

PBR 밴드

종목	중국만과	업종	금융	PER	14.0	ROE	20.6
코드	000002.SZ	개요	중국 최대 부동산 개발회사. 1~2선급 대도시에서 경쟁력을 갖고 있음	PBR	2.7	ROA	2.9
날짜	2016-10-28			PSR	1.2	D/E	0.6

PER	MAX	15.6	PBR	MAX	3.0	년도	2012	2013	2014	2015	TTM
	MIN	4.6		MIN	0.9	EPS	1.14	1.37	1.43	1.64	1.77
	AVG	8.5		AVG	1.7	ROE	21.5	21.5	19.1	19.2	20.6

PER 밴드

PBR 밴드

종목	녕파은행		업종	금융				PER	8.6	ROE	17.1
코드	002142.SZ		개요	절강성 지역에 특화된 지방 상업은행. 부실채권 비율 낮음, 지역 우세 확보				PBR	1.3	ROA	1.0
날짜	2016-10-28							PSR	2.8	D/E	3.0
PER	MAX	11.6	PBR	MAX	2.0	년도	2012	2013	2014	2015	TTM
	MIN	3.7		MIN	0.8	EPS	1.18	1.40	1.89	1.68	1.95
	AVG	6.4		AVG	1.2	ROE	19.9	20.4	18.9	16.6	17.1

PER 밴드

PBR 밴드

종목	중신증권		업종	금융				PER	17.3	ROE	9.4
코드	600030.SH		개요	중국 최대 종합증권사. 총자산, 순자산, 매출, 순이익 모두 수년 연속 업계 1위				PBR	1.5	ROA	1.9
날짜	2016-10-28							PSR	4.7	D/E	0.8
PER	MAX	36.5	PBR	MAX	4.0	년도	2012	2013	2014	2015	TTM
	MIN	7.8		MIN	1.2	EPS	0.38	0.48	1.03	1.71	0.97
	AVG	20.5		AVG	1.7	ROE	4.9	6.0	12.1	16.6	9.4

PER 밴드

PBR 밴드

종목	보리부동산		업종	금융				PER	7.7	ROE	16.9
코드	600048.SH		개요	중국 종합경쟁력 2위의 부동산 개발업체. 양로, 부동산개발 등 사업 다각화				PBR	1.3	ROA	3.0
날짜	2016-10-28							PSR	0.7	D/E	1.1
PER	MAX	13.0	PBR	MAX	2.5	년도	2012	2013	2014	2015	TTM
	MIN	3.7		MIN	0.8	EPS	0.79	1.00	1.14	1.15	1.19
	AVG	7.4		AVG	1.5	ROE	21.7	22.8	21.6	18.6	16.9

PER 밴드

PBR 밴드

종목	중국평안보험		업종	금융				PER	9.9	ROE	17.6
코드	601318.SH		개요	중국 최대 종합금융사. 생명보험과 손해보험 모두 중국 내 2위				PBR	1.7	ROA	1.3
날짜	2016-10-28							PSR	0.9	D/E	1.2
PER	MAX	18.2	PBR	MAX	3.0	년도	2012	2013	2014	2015	TTM
	MIN	7.6		MIN	1.4	EPS	1.26	1.77	2.34	2.98	3.50
	AVG	11.7		AVG	1.8	ROE	13.8	16.5	16.6	17.4	17.6

PER 밴드

PBR 밴드

종목	화태증권		업종	금융				PER	21.4	ROE	8.8
코드	601688.SH		개요	브로커리지 시장점유율 1위 종합증권사. 투자은행 사업 부문, M&A주관 업계 1위				PBR	1.8	ROA	1.4
날짜	2016-10-28							PSR	7.6	D/E	0.7
PER	MAX	40.9	PBR	MAX	3.9	년도	2012	2013	2014	2015	TTM
	MIN	7.5		MIN	1.1	EPS	0.29	0.40	0.80	1.65	0.94
	AVG	20.4		AVG	1.6	ROE	4.8	6.3	11.7	17.5	8.8

PER 밴드

PBR 밴드

종목	중국인민재산보험		업종	금융				PER	8.8	ROE	17.1
코드	02328.HK		개요	중국 최대, 글로벌 7위권 손해보험사. 중국 내 시장점유율 1위(35%)				PBR	1.5	ROA	4.1
날짜	2016-10-28							PSR	0.6	D/E	0.1
PER	MAX	17.5	PBR	MAX	2.9	년도	2012	2013	2014	2015	TTM
	MIN	8.0		MIN	1.4	EPS	0.81	0.76	1.06	1.47	1.42
	AVG	11.6		AVG	2.0	ROE	25.8	20.5	21.1	22.4	17.1

PER 밴드

PBR 밴드

종목	ZTE		**업종**	정보기술				**PER**	18.7	**ROE**	11.6
코드	000063.SZ		**개요**	중국 2위, 세계 5위 통신장비 제조기업. 광통신설비, 디지털 통신설비 및 S/W				**PBR**	2.1	**ROA**	2.8
날짜	2016-10-28							**PSR**	0.6	**D/E**	0.2
PER	MAX	45.3	**PBR**	MAX	4.4	**년도**	2012	2013	2014	2015	TTM
	MIN	0.0		MIN	1.2	**EPS**	-0.69	0.33	0.64	0.77	0.83
	AVG	19.2		AVG	2.2	**ROE**	4.8	6.3	11.7	17.5	11.6

PER 밴드

PBR 밴드

종목	낭조정보		업종	정보기술				PER	47.6	ROE	14.4
코드	000977.SZ		개요	중국 내 주요 IT개발업체. 최대 서버 생산 및 서버 솔루션 제공업체				PBR	5.7	ROA	6.5
날짜	2016-10-28							PSR	1.9	D/E	0.1
PER	MAX	104.3	PBR	MAX	17.9	년도	2012	2013	2014	2015	TTM
	MIN	20.6		MIN	2.1	EPS	0.14	0.17	0.36	0.47	0.50
	AVG	45.6		AVG	6.6	ROE	6.1	13.0	19.9	17.4	14.4

PER 밴드

PBR 밴드

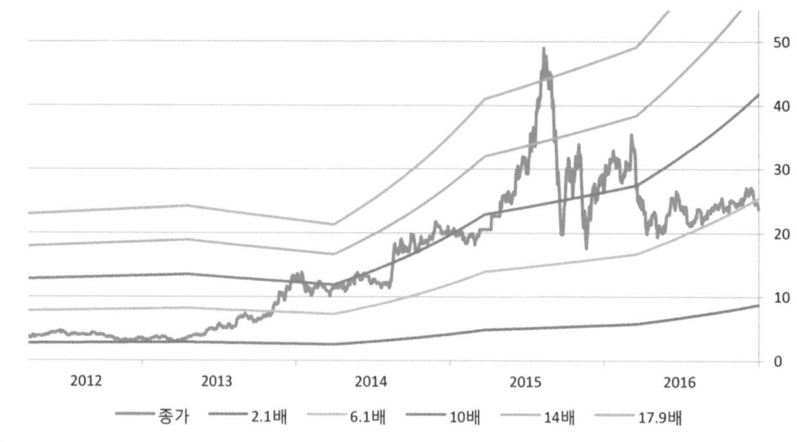

종목	한스레이저		업종	정보기술				PER	31.6	ROE	15.8
코드	002008.SZ		개요	중국 레이저 장비산업의 선두기업. 아시아 최대 레이저 가공장비 생산기업				PBR	4.7	ROA	8.9
날짜	2016-10-28							PSR	3.8	D/E	0.1
PER	MAX	55.8	PBR	MAX	9.3	년도	2012	2013	2014	2015	TTM
	MIN	9.7		MIN	1.8	EPS	0.59	0.52	0.67	0.71	0.72
	AVG	24.5		AVG	4.0	ROE	20.0	15.8	18.4	16.9	15.8

PER 밴드

PBR 밴드

종목	신비정보		업종	정보기술				PER	78.7	ROE	7.7
코드	002230.SZ		개요	음성합성, 음성식별 분야 세계적 수준의 선두기업(중국 최대 음성 플랫폼기업)				PBR	6.0	ROA	5.6
날짜	2016-10-28							PSR	12.8	D/E	0.1
PER	MAX	171.8	PBR	MAX	12.4	년도	2012	2013	2014	2015	TTM
	MIN	37.9		MIN	3.8	EPS	0.19	0.25	0.32	0.34	0.38
	AVG	71.0		AVG	6.6	ROE	14.5	12.0	10.8	8.5	7.7

PER 밴드

PBR 밴드

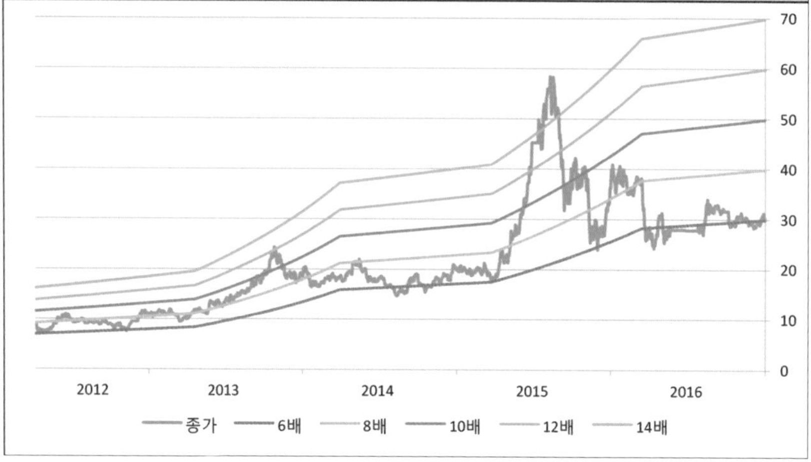

종목	가이		업종	정보기술				PER	32.9	ROE	14.8
코드	002241.SZ		개요	세계적인 음향기기 제조기업. 마이크로마이크 시장점유율 1위				PBR	4.6	ROA	6.7
날짜	2016-10-28							PSR	2.7	D/E	0.2
PER	MAX	54.5	PBR	MAX	11.6	년도	2012	2013	2014	2015	TTM
	MIN	18.7		MIN	3.3	EPS	0.61	0.86	1.09	0.82	0.94
	AVG	32.2		AVG	5.9	ROE	25.1	22.7	22.6	14.1	14.8

PER 밴드

PBR 밴드

종목	해격통신		업종	정보기술			PER	43.6	ROE	9.6
코드	002465.SZ		개요	광저우 시 국자위 소속 하이테크기업. 통신 및 네비게이션 연구개발, 생산, 판매			PBR	4.2	ROA	6.4
날짜	2016-10-28						PSR	6.4	D/E	0.1
PER	MAX	87.4	PBR	MAX	8.1	년도	2012	2013	2014	2015	TTM
	MIN	4.3		MIN	0.3	EPS	0.79	0.49	0.44	0.28	0.29
	AVG	25.8		AVG	2.3	ROE	6.1	7.4	9.3	10.6	9.6

PER 밴드

PBR 밴드

종목	입신정밀		업종	정보기술				PER	37.8	ROE	14.0
코드	002475.SZ		개요	중국의 대표 커넥터 생산기업. 주요 고객 애플, 레노보, HP, 화웨이 등				PBR	4.4	ROA	7.1
날짜	2016-10-28							PSR	3.6	D/E	—
PER	MAX	39.0	PBR	MAX	6.0	년도	2012	2013	2014	2015	TTM
	MIN	7.7		MIN	1.0	EPS	0.72	0.62	0.80	0.86	0.58
	AVG	18.7		AVG	2.8	ROE	6.1	7.4	9.3	10.6	14.0

PER 밴드

PBR 밴드

종목	동방재부		업종	정보기술				PER	54.2	ROE	15.0
코드	300059.SZ		개요	중국 대표금융 증권정보 플랫폼회사. 동방재부망, 구바 증권커뮤니티 운영				PBR	5.6	ROA	4.9
날짜	2016-10-28							PSR	25.1	D/E	—
PER	MAX	351.3	PBR	MAX	12.8	년도	2012	2013	2014	2015	TTM
	MIN	0.0		MIN	0.2	EPS	0.01	0.00	0.05	0.61	0.29
	AVG	77.6		AVG	3.6	ROE	2.2	0.3	9.4	66.4	15.0

PER 밴드

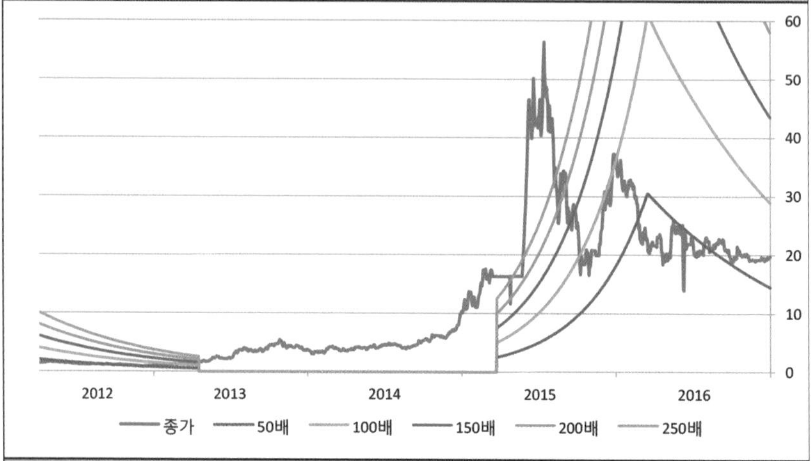

PBR 밴드

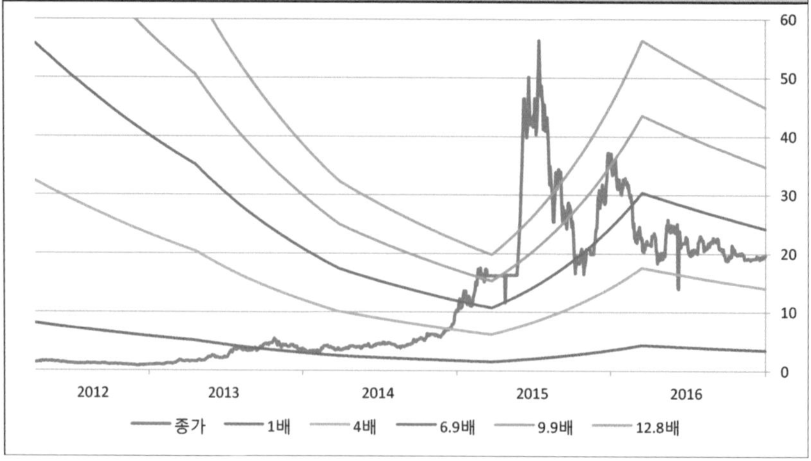

종목	러스왕		업종	정보기술				PER	122.6	ROE	10.3
코드	300104.SZ		개요	동영상 플랫폼 운영업체. 중국 최대 온라인 영화 및 드라마 사이트 운영				PBR	8.9	ROA	3.2
날짜	2016-10-28							PSR	4.0	D/E	0.4
PER	MAX	266.0	PBR	MAX	38.9	년도	2012	2013	2014	2015	TTM
	MIN	7.2		MIN	1.1	EPS	0.46	0.32	0.44	0.31	0.37
	AVG	78.3		AVG	9.6	ROE	16.9	18.2	13.8	16.2	10.3

PER 밴드

PBR 밴드

종목	만달정보		업종	정보기술				PER	103.3	ROE	12.7
코드	300168.SZ		개요	중국 최초 도시 정보화서비스 제공업체. 소프트웨어, 정보시스템 솔루션 등 제공				PBR	10.9	ROA	4.5
날짜	2016-10-28							PSR	13.0	D/E	0.2
PER	MAX	332.2	PBR	MAX	39.9	년도	2012	2013	2014	2015	TTM
	MIN	4.9		MIN	0.4	EPS	0.46	0.61	0.39	0.23	0.22
	AVG	64.7		AVG	7.5	ROE	16.9	18.2	13.8	16.2	12.7

PER 밴드

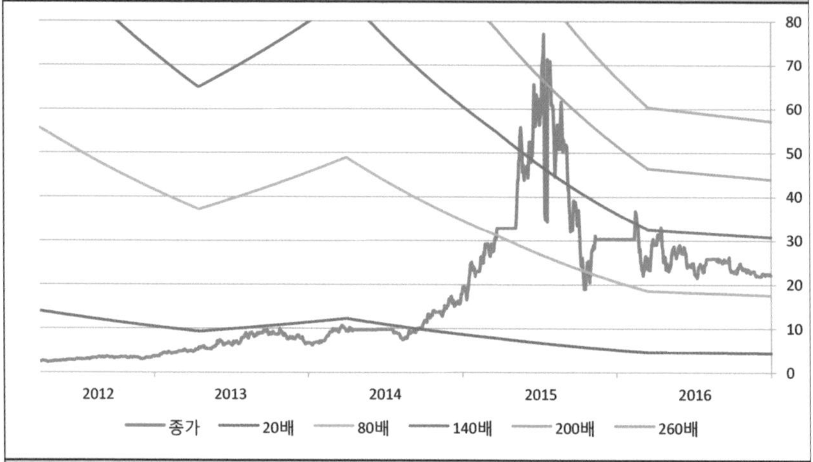

PBR 밴드

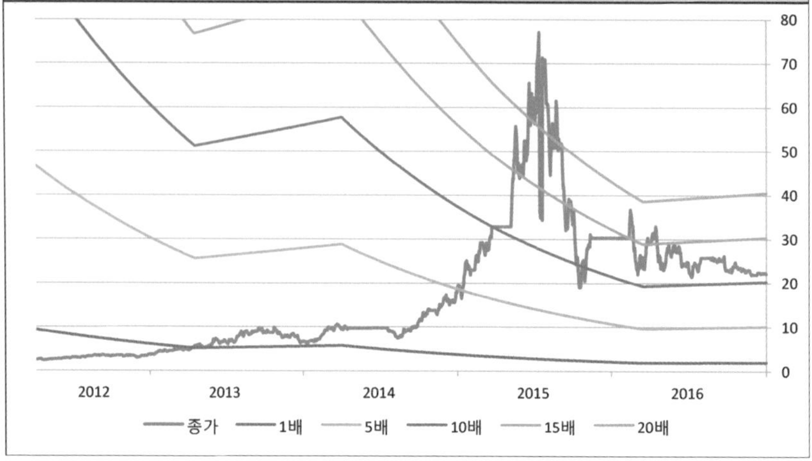

종목	항천정보		업종	정보기술				PER	30.5	ROE	17.3
코드	600271.SH		개요	정보 보안을 핵심으로 한 IT기업. 부가가치세 영수증 위조방지시스템 독점 공급				PBR	5.0	ROA	9.3
날짜	2016-10-28							PSR	1.7	D/E	0.3
PER	MAX	59.5	PBR	MAX	11.8	년도	2012	2013	2014	2015	TTM
	MIN	10.6		MIN	2.0	EPS	0.55	0.59	0.62	0.84	0.73
	AVG	22.5		AVG	4.1	ROE	20.0	19.0	17.9	21.0	17.3

PER 밴드

PBR 밴드

종목	항생전자		업종	정보기술				PER	74.1	ROE	22.0
코드	600570.SH		개요	마윈이 최대 주주인 중국 내 금융 S/W 개발 1위기업(금융사에 IT솔루션 제공)				PBR	14.9	ROA	14.1
날짜	2016-10-28							PSR	16.4	D/E	—
PER	MAX	237.4	PBR	MAX	51.3	년도	2012	2013	2014	2015	TTM
	MIN	20.8		MIN	4.5	EPS	0.32	0.52	0.58	0.73	0.80
	AVG	61.1		AVG	12.5	ROE	15.7	21.7	20.2	20.9	22.0

PER 밴드

PBR 밴드

종목	용우네트워크	업종	정보기술	PER	99.7	ROE	7.3
코드	600588.SH	개요	기업용 소프트웨어 제공업체. 중국 최대 ERP, CRM, 인력자원관리 등	PBR	6.4	ROA	3.6
날짜	2016-10-28			PSR	7.1	D/E	0.1

PER		PBR			년도	2012	2013	2014	2015	TTM
MAX	308.0		MAX	21.7	EPS	0.27	0.40	0.40	0.23	0.27
MIN	15.0		MIN	2.6	ROE	12.8	17.6	15.3	6.8	7.3
AVG	64.6		AVG	6.3						

PER 밴드

PBR 밴드

종목	넝파삼삼	업종	정보기술			PER	—	ROE	4.0
코드	600884.SH	개요	세계 최대 리튬배터리 종합 소재 생산 기업. 양극재, 음극재, 전해액 등 생산			PBR	2.1	ROA	2.3
날짜	2016-10-28					PSR	3.8	D/E	0.2
PER	MAX	37.1	PBR	MAX	3.8	년도	2012	2013	2014	2015	TTM
	MIN	0.0		MIN	1.0	EPS	0.20	0.23	0.42	0.81	-0.56
	AVG	19.2		AVG	1.9	ROE	5.2	5.7	9.3	14.7	4.0

PER 밴드

PBR 밴드

종목	융기실리콘자재		업종	정보기술				PER	19.4	ROE	21.7
코드	601012.SH		개요	글로벌 최대 단결정 실리콘 제조업체. 단결정 웨이퍼, 잉곳 R&D, 생산 및 판매				PBR	4.3	ROA	12.2
날짜	2016-10-28							PSR	2.3	D/E	0.2
PER	MAX	157.9	PBR	MAX	7.2	년도	2012	2013	2014	2015	TTM
	MIN	0.0		MIN	0.0	EPS	-0.04	0.04	0.18	0.31	0.78
	AVG	37.6		AVG	1.9	ROE	5.2	5.7	9.3	14.7	21.7

PER 밴드

PBR 밴드

종목	텐센트 홀딩스		업종	정보기술				PER	49.9	ROE	26.4
코드	00700.HK		개요	중국의 인터넷 생태계 정점에 위치한 1위 기업. 소셜미디어 플랫폼 점유율 1위				PBR	12.1	ROA	9.4
날짜	2016-10-28							PSR	13.8	D/E	0.5
PER	MAX	65.8	PBR	MAX	15.0	년도	2012	2013	2014	2015	TTM
	MIN	24.9		MIN	6.2	EPS	1.37	1.66	2.54	3.06	4.26
	AVG	43.5		AVG	10.4	ROE	36.5	31.2	34.5	28.8	26.4

PER 밴드

PBR 밴드

종목	보리협흠		업종	정보기술				PER	5.5	ROE	17.8
코드	03800.HK		개요	중국 최대 규모의 폴리실리콘 제조기업. 태양광산업 밸류체인 구축에 따른 수혜				PBR	0.7	ROA	3.9
날짜	2016-10-28							PSR	0.6	D/E	1.1
PER	MAX	25.4	PBR	MAX	3.1	년도	2012	2013	2014	2015	TTM
	MIN	0.0		MIN	0.6	EPS	-0.23	-0.04	0.12	0.18	0.21
	AVG	7.2		AVG	1.6	ROE	(21.7)	(4.1)	10.7	15.3	17.8

PER 밴드

PBR 밴드

종목	상덕환경자원		업종	공익사업체				PER	29.2	ROE	15.6
코드	000826.SZ		개요	고체폐기물의 처리, 특정 지역의 수돗물 공급, 오수처리 프로젝트의 투자 및 운영				PBR	4.1	ROA	6.5
날짜	2016-10-28							PSR	4.0	D/E	0.4
PER	MAX	50.1	PBR	MAX	8.0	년도	2012	2013	2014	2015	TTM
	MIN	20.6		MIN	2.6	EPS	0.59	0.69	0.95	1.09	1.21
	AVG	29.4		AVG	4.3	ROE	15.9	14.2	16.8	16.5	15.6

PER 밴드

PBR 밴드

종목	장강전력	업종	공익사업체	PER	18.3	ROE	12.1
코드	600900.SH	개요	중국 최대 수력발전업체. 갈주패발전소와 삼협댐발전소를 운영	PBR	2.6	ROA	5.4
날짜	2016-10-28			PSR	8.5	D/E	0.4

PER	MAX	21.5	PBR	MAX	2.8	년도	2012	2013	2014	2015	TTM
	MIN	7.8		MIN	1.1	EPS	0.63	0.55	0.71	0.70	0.73
	AVG	13.6		AVG	1.8	ROE	14.5	11.9	14.4	13.0	12.1

PER 밴드

PBR 밴드

미래를 함께 하는 따뜻한 금융
신한금융그룹
베트남/인도네시아
수익률로 한 판 붙다
실시간 온라인 주식거래 서비스,
[베트남/인도네시아]에서도 먼저 시작합니다
고객수익률을 최우선으로 하는 신한금융투자,
넥스트 차이나로 주목받는 베트남/인도네시아 시장도
직접 보고 투자하실 수 있도록 온라인 서비스(HTS/MTS)를 동시에 시작합니다
24시간 해외투자상담 02) 3772-2525
신한금융투자의 글로벌 경쟁력 1. 전 세계 28개국 거래 상담 서비스 2. 해외 주식거래 수수료 업계 최저 3. 다양한 해외 주식 전문가 프로그램
※금융투자상품은 예금자보호법에 따라 예금보험공사가 보호하지 않습니다. ※랩서비스는 실적배당형으로 운용결과에 따라 투자원금의 손실이 발생할 수 있고, 그 손실은 투자자에게 귀속됩니다. ※당사는 랩서비스에 관하여 충분히 설명할 의무가 있으며, 투자자는 투자 전 설명을 충분히 듣고 투자결정을 내리시기 바랍니다. ※해당 랩서비스에 가입하시기 전 약관, 계약권유문서, 핵심설명서 등을 반드시 읽어보시기 바라며, 가입시점에 따라 계좌별운용수익률이 달라질 수 있습니다. ※서비스에 따라 중도해지시 수수료가 발생할 수 있으며, 해지에 관한 내용은 서비스별로 상이하니 가입상담시 확인하시기 바랍니다. ※미래설계랩 및 분할매수형랩 서비스 수수료는 연1.0%, 후취 연 0.6%입니다. ※수수료에 관한 자세한 내용은 당사 홈페이지를 참고하시기 바랍니다. ※한국금융투자협회 심사필 제16-04778호(2016.9.19~2017.9.18), 준법감시인 심사필 제16-7523호(2016.9.19~2017.9.18)
프로들의 자산관리 신한금융투자